U0620459

叶秋 著 江益 绘

简明策展

写给大家的策展手册

广西师范大学出版社
·桂林·

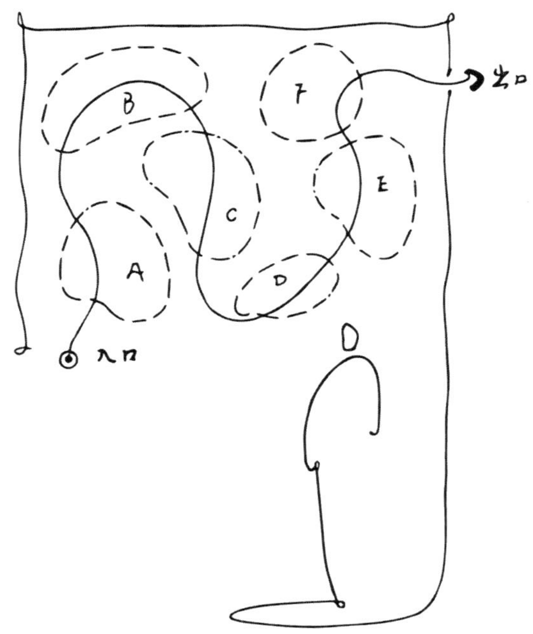

凡事终须事上练

序

如果说有什么工作可以涉猎各类庞杂的学科，那么策展工作便占有一席之地。不仅策展本身是一项“系统性工程”，它所对接的生活、生产的方方面面也极其广阔。

在策划一个博物馆展览时，你会变成一个“考古学家”；在策划一个美术馆展览时，你是一个“艺术家”；在策划一个名人纪念馆展览时，你将成为“半个他”；在策划一个海洋类主题展时，你又会变身为“海洋生物学家”。你还可以是城市规划师、邮递员、将军、卡通人物……这个职业的魅力就是它可以让你有无数化身，最大限度地和这个世界沟通。

因为深知策展这项工作的综合性及趣味，我的脑海里经常飘过这样的想法：如果老师和孩子掌握了一定的策展技能，并应用到教学、学习当中，会给他们带来什么样的变化呢？

老师可以利用策展这个工具让学生足不出户便能“到达”博物馆。孩子们在“策展型”教育空间中学习、成长，可以更直观地学习，体验到获取知识的乐趣。

孩子们可以成为“小小策展人”，利用策展这个过程去探究这个世界，自然而然地了解更多知识，锻炼表达能力，提升综合素质。

或者，哪怕只有百分之一甚至千分之一的普通人掌握基础策展技能，运用这个技能为生活添加一抹亮色，那我们的家、社区、商业街、公共空间就有可能增加无数次的文化展出机会，让大众沉浸在一个充满文化氛围的环境里。

想象一下这样的场景：

家里的书房，有一面墙展示着你收藏的陶瓷艺术品，当朋友到来时，你可以津津有味地向他介绍黑陶的前世今生；

每天路过的社区公园里，一个风筝展让孩子们在玩得不亦乐乎的同时，还能知道风筝的各种类型和飞行原理；

学校的走廊上放置几个展柜，一些文物在展柜中“讲述”小镇历史的变迁，孩子们会在不经意间被区域文化所感染；

…………

中华优秀传统文化的内容变成了一个个展览的小模块，化身为公共雕塑、社区展板、广告牌、绿化带、公交站台，或者变成一个插件，置于校园、机场、火车站、商场。

然而，将策展变成一种普遍工具并不容易，普通人使用策展工具主要有四个障碍。

第一：理论障碍。大众对策展不了解，学习起来有困难。所以，能否将专业的策展这件事用最直白的语言说出来，让大众听得懂？

第二：美学障碍。很多人不会画画，不懂平面布局、排版等。所以，能否将常用的布局模式、布展方法都列出来，大众直接挑选即可？

第三：技术障碍。大部分人不懂投影、屏幕、装置这些专业的技术手段。所以，能否将展示手段模块化、极简化，变成像组装家具一样简单？

第四：经验障碍。大众并没有足够的策展经验，也没有看过足够多的展览，甚至不知道这个专业。所以，有没有可借鉴的方案直接用作创作参考？

把这四个障碍的解决方案放到一起，就是《简明策展》。

我将《简明策展》定位为策展艺术普及性读物，力图通过直白、轻松、活泼的语言和图像，用最简洁的方式说明白策展这个职业，使文艺爱好者乃至普通人可以利用“策展”美化自己的生活，甚至创作展览。

为了实现这一目标，我邀请了我的朋友——设计师江益来共同创作这本书，书中的漫画全部由他手绘完成。我在上一本书《策展行知：展示策划工作手册》中说过，希望未来可以用更加视觉化、更有趣的方式来讲策展，现在它来了。

这本书分为三个部分：第一部分是理论知识，包括什么是策展、策展前的准备、策展的整体认知、开展啦、让孩子们参与策展五个章节，这个部分我没有使用任何术语，尽量用大白话说明白策展的全过程；第二部分是策展案例，包括茶道微馆、笔墨小展、飞梦奇航、一方宇宙、闽菜在南、不烦自习室六个章节，这些案例的空间由小到大，以方便大众理解策展空间，掌握最常见的展示技术；第三部分是常见展览的大纲，我将 18 个专业的展览大纲精简，供大家创作展览时参考。

接下来，让我们一起策展吧。

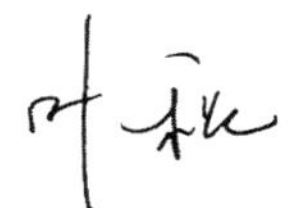

目　录

以新知破旧茧

第一部分

认识策展

在开始策展之前，你需要对策展这件事情有一些初步的认知，如展览从何而来？策展是什么？策划一个展览的全过程是怎样的？这些问题都将在这个部分得到解答。

我并不打算用高深的语言去介绍，而是尽可能地采用简洁、通俗的词句，希望孩子们能一起参与这个过程。

1 什么是策展

1.1 展览从何而来

很多人有过这样的经历：参观大规模的博物馆、美术馆、科技馆，中等规模的多媒体艺术展、会展中心、ChinaJoy之类的展会，或者举办小规模企业展，甚至个人书法展、摄影展或艺术展等。那么这些展馆、展览是怎么来的呢？

在博物馆、科技馆、美术馆等不同展览空间中举办的各种主题的展览，都需要专门的从业人员进行创意思考、设计及营造。我们可以简单地将展览从无到有的全过程理解为策展，它属于一种艺术创作。而这个艺术创作过程的核心创作者叫策展人。在参观这些展览的过程中，你有没有自己筹办一个展览的冲动呢？或者，有没有产生将这些展览带回家的想法呢？

这本书将手把手地教你怎样创作一个展览，当一个业余策展人。

虽然策展是一个非常复杂的系统工程，但我并不打算用教科书的方式让大家变成这个行业的专家，而是想用最简单的方法让你们体验策展的全过程，感受策展的魅力，并用这种艺术方式美化生活，提升生活品质。

1.2 忘掉那些复杂的定义

什么是策展？就是展览从无到有的全过程。

忘掉那些复杂的东西吧！举个例子，有一串数字“343567932543254331 4543”，很难记住对不对？但如果换成“3344556677……”是不是一下就记住了？这就是策展的第一步，也是最关键的一步：把一个非常复杂的东西梳理成简明扼要、更易理解的东西，这个东西可以是一个框架，也可以是一个故事。根据第一步可以创作出一部小说、一个电影，或者一幅画。但如何将它们变成

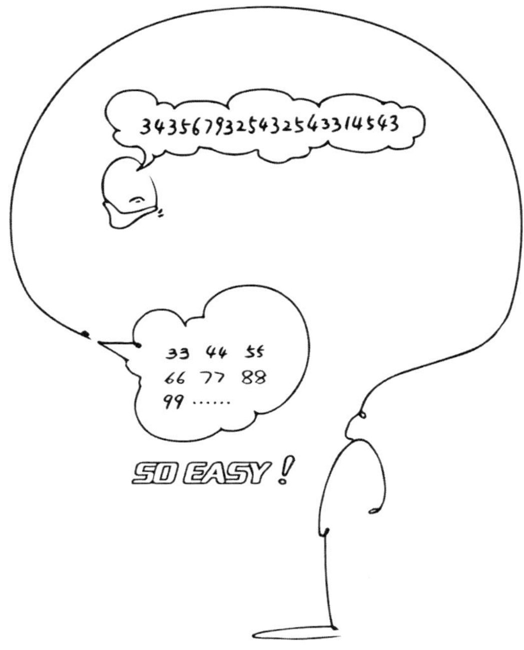

从无穷大到一

展览呢?

接下来，把创作出的框架或故事打印到卡片上，并对应内容点，准备一些物品，将其放在一个房间里摆好，然后让观众按照“3—4—5—6—7”的顺序参观，从而理解这个框架与故事，这样便完成了一个展览。这是第二步。

观众在参观的过程中可能对“3—4—5—6—7”具体是什么不太了解，因此可以加入详细的说明，这样就完成了一个展览的解说。这是第三步。

这就是策展的全过程，并不复杂吧？总结一下，所谓策展，就是把复杂的东西变成简明扼要、容易理解的框架或故事，并且把这些框架和故事摆放在一个房间里的艺术行为。

如果觉得复杂，也可以这么理解：

把内容变得有逻辑——讲故事

把逻辑变成展品——找展品

把展品放在房间里——布空间

讲故事、找展品、布空间就是策展的全过程。

回想一下，之前参观的美术馆、博物馆、科技馆、画廊等，是不是基本上都是这个道理?

1.3 有趣的开始

策展是一件有趣的事，所以首先要忘记“功利心”。把策展当成一件新鲜的事，一件你想做的事，不要考虑其他人会怎么想，是否有价值，意义在哪里，只要知道“我觉得它有趣，有价值，我想把它展现出来”就够了。

接下来，就让我们正式开启策展之旅吧。

2 策展前的准备

2.1 选择一个主题

万物纷繁复杂，你知道的领域可能非常多，但要举办一个展览，可以先从你的专业领域中选择一些你擅长的事。很多人会觉得这些事很普通，不值一提，更不好意思拿出来面对许多行业精英。但实际上，你觉得很普通或很一般的东西，对大多数人来说可能就是新鲜和有趣的，所以可以先从你最熟悉的东西开始。

如果你是体育老师，那么你对体育领域的事情知道得肯定比一般人多，策展主题便可以选择球类运动大百科、运动里的物理学、篮球发展史、足球的故事等。

如果你是家庭主妇，擅长收纳，选择的策展主题可以是“家事的抚慰——超级收纳术”；擅长美食，可以选择餐具简史、摆盘的艺术、食材的季节等话题。

如果你是对航空航天比较了解的学生，可以选择飞行的梦想、星空的旅程、火箭种类等主题。

如果你喜欢观鸟，可以举办鸟类摄影、候鸟艺术、湿地之行等展览。

…………

从熟悉和了解的领域出发，是开始时最好的选择。

当然，如果你已拥有一定的策展经验，想在其他领域尝试，又或者希望像艺术家那样创作一个很不一样的作品，那么可以“摇人”！进入陌生的领域后虚心请教，或者用自己擅长的知识与别人交换，学习别人的知识，然后再进行创作。

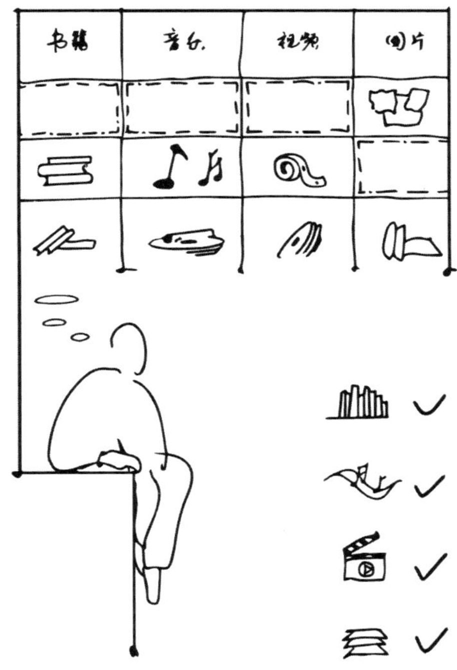

先打动自己，后打动别人

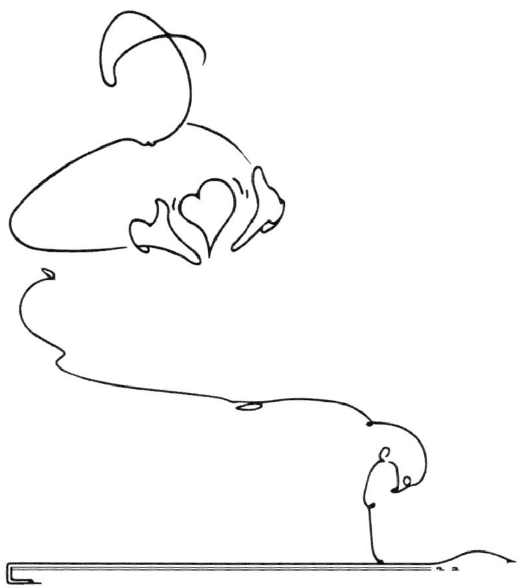

真正的价值在于你认为它有价值

如果你性格比较内向，不愿意与他人过多交流，可以找几本专业书认真学习，看一些纪录片寻找灵感，做一些实践，这样也完全可以独立创作出好作品。实际上，绝大多数的“专业”策展人也是这么做的。

2.2 寻找一个空间

主题选定以后，便可以开始寻找空间了。当然，也可以先确认一个空间，再去寻找合适的主题。这个空间可以是虚拟的，如软件里的虚拟空间；也可以是现实的，如家里的房间、客厅、走廊，社区的公园或者某个专业的展览空间。

然后，丈量这个空间的长、宽、高，了解出入口、消防通道、强弱电线路、暖通线路的位置与尺寸。

适合策展的理想空间条件是：

- 层高较高；
- 柱子较少，柱子间的距离较大；
- 形状比较规整。

如果满足不了以上条件也没关系，其实在专业策展时也很难遇到完美的空间，我们可以用创意或者取舍的办法来解决。

至于面积，500 平方米可以，50 平方米可以，1 平方米也可以，甚至分散的零碎空间都可以。比如，若干个几平方米的空间，每个子空间都可以成为一个打卡点，据此设计出一条路线，这样说不定会更加有趣。

把找到的空间的尺寸记录下来，拍好照片或视频，暂且放一边，之后很快会用到。

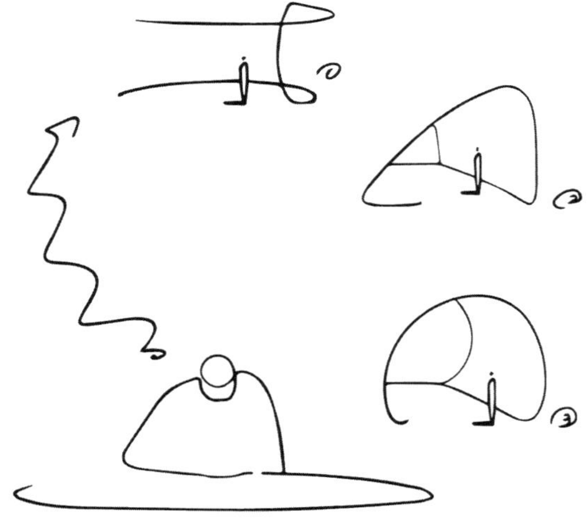

不如意十之八九，总有可起舞之地

3 策展的整体认知

回顾一下策展的整体流程：讲故事、找展品、布空间，实际上还可以将这个过程精简成两件事。

第一件事：创作一个故事

① 筛查资料——找到和策展主题相关的书、音乐、视频、图片资料，排除关联不大的资料，只留下最好的。

② 阅读提炼——读书，把自己变成这个领域的半个专家，做读书笔记，梳理出内容点。

③ 创作大纲——按照一定的逻辑把内容点串联起来，让它们变成一个整体。

④ 创作故事——有能力的话，编一个故事，用它代替逻辑来串联内容点。

⑤ 文本写作——把内容点的具体故事或介绍写出来，不用太复杂，50 ～ 200 字即可。

第二件事：将故事放入空间

① 寻找展品——根据你的故事，准备一些有助于故事表现的展品。

② 初步设想一下空间——将故事分成几个部分，把它们对应到准备好的空间里，给每个故事或内容点找一个表现的位置。

③ 做一个展示设计师——再具体一点儿，想想每个内容点怎么展现，是直接放上去还是准备个展板，抑或打个灯光？

④ 准备一些工具或材料——动手做或者定制一些东西。

⑤ 开始动手——像组装乐高一样，做个小工匠。

人间虽大，总有路径

⑥ 调整并美化展览——再加入一些细节。

到这里，只要知道基本过程即可，具体内容会在后面的章节详细展开。

3.1 创作一个故事

（1）筛查资料

在策划某个领域的展览之前，要仔细查找这个领域的专业资料，以保证内容的准确性。即便你是这个领域的专家，也不能忽略这个环节。比如，举办一个“陶瓷”类型的展览，主题可以是“火的艺术”，那么需要查阅关于陶瓷的发展史、陶瓷的加工技艺、陶瓷的鉴赏等方面的书籍。

除了书籍，还可以查找一些影片、图片、音频，可以是实物资料，也可以是电子资料，实物可以变成展品，电子资料便于阅读、提取、编辑其中的内容。

那么，多少资料才够用呢？并没有严格的要求，只要保证自己能通过它们足够了解这一领域，甚至只要比普通人更了解即可。

可以做这样一个测试：把你的想法讲给伙伴们听，如果你能完整地讲完，就没什么问题，如果磕磕绊绊，或者感觉缺失很多东西，那么你的资料可能还不太充足，对主题的理解也不够透彻。

（2）阅读提炼

准备好资料后，坐下来，把资料从头到尾认真地看一遍。在看的过程中可以把资料进行分类，记得做笔记，把看到的有趣的、重要的内容摘抄下来，手写的、电子版本的都可以。这是策展过程中最辛苦、耗时最长的阶段，但也是最有趣、最有收获的阶段。享受这个阶段，就是最大的意义。

（3）创作大纲

经过长时间的阅读，当你对整个内容体系已经比较了解时，回头看看笔记，是不是有许多散乱的内容点？把它们按照一定的逻辑串联起来，就得到了一个大纲。

“一定的逻辑”是什么呢？很简单。如时间的逻辑：过去、现在、将来；空间的逻辑：上面、中间、下面；数量的逻辑：1、2、3、4、5、6；语言的逻辑：A、B、C、D、E、F。

最常见的逻辑有如下几种。

金字塔式：一个观点有两个论点，每个论点有三个论据。

平行式：排排坐，放在一起做对比。

梯式：过去、现在、将来就是最经典的逻辑，层层递进。

散点式：随意放。

组合式：把以上几种方式组合一下。

千万不要小看这些简单的逻辑，因为即便最复杂的展馆也是由它们构成的。

如果依然觉得不好理解，可以不用在意具体使用什么逻辑，只要记住一点：把散乱的东西变成好理解的东西，就像把散落的珍珠变成一串项链，这样就可以了。然后，把这些东西写下来，语言精练一些（自信一点儿，就像跟朋友讲话一样），尽量不要用大量晦涩、烦琐的语言，这样就可以得到一个不错的展览大纲。在第二部分和第三部分，我会用一些案例进行讲解。

展览大纲的写作需要一定的逻辑性，刚开始可能会困难一些，但有了一两次成功的经验之后，你就会发现，这个创作过程很有趣，熟练以后便可以跳出框架，更加自由地创作。

最复杂，最简单

（4）创作故事

其实，做到上一步，内容工作已经基本完成了。即便是专业的策展人，很多也只能完成到上一步。但是，这并不妨碍我们有更高的追求：讲一个故事吧，用故事让展览更加吸引人。如果你感兴趣，可以按照以下步骤操作。

第一步：想象。根据下面这张图，完成要素点的创作，不必追求全面，有大致的轮廓即可，然后把它们记录下来。

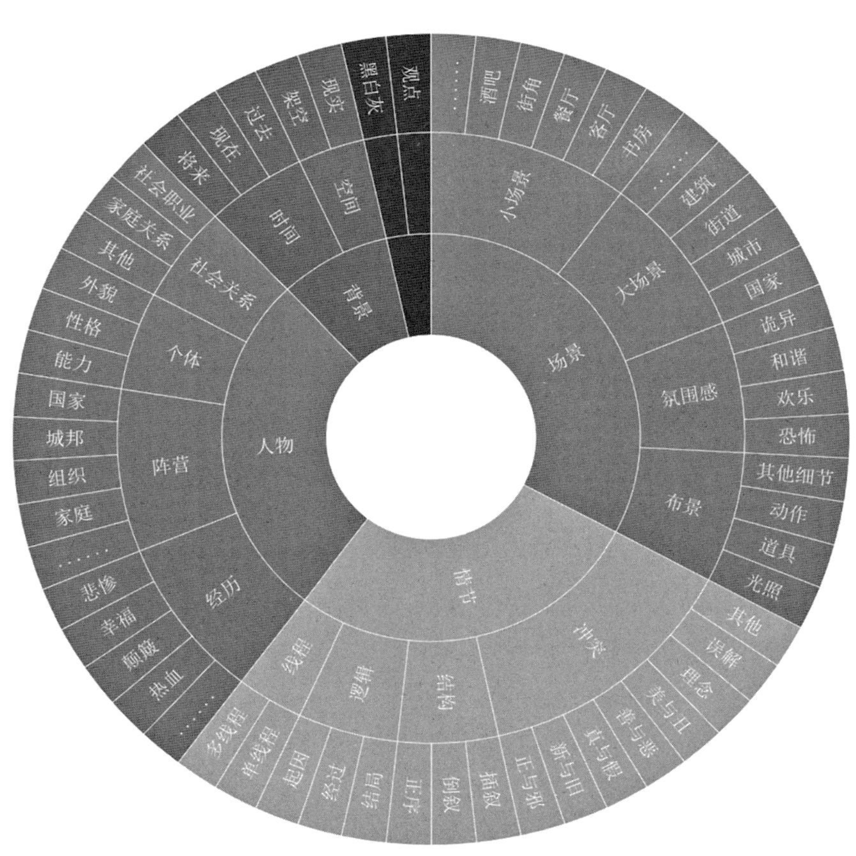

第二步：用主人公故事将这些东西串联起来，就像《西游记》《十日谈》《尼尔斯骑鹅旅行记》那样。

第三步：把展览大纲里的内容点和故事情节绑到一起。

下面用一个案例加以详述。

这是一个针对青少年儿童的航空科普展而创作的故事，我为这个故事构思了一个世界观，并将这个故事命名为“光年奇航”。

光年奇航

“当你看到外面那片无尽的黑暗，你可能会感到恐惧和不安。但请记住，你不是一个人。你将和你的队友们一起，面对所有的挑战，共同创造出一个全新的世界。”

——第三代光年总指挥官轩辕九州

一群宇宙飞船正在太空中极速前行，在绝大多数情况下，宇宙飞船被黑暗包围。这是光年奇航的第三批远行者所搭乘的飞船群，它们正在前往 1 600 万光年之外的华夏二号行星。

这是一场长达八年的文明远行，是一次对人类意志和智慧的极限挑战。

在华夏二号进入地球人的视野之前，地球已经进入了微妙的发展平衡，虽然月球和火星已经被完全开发，但对地球文明来说，这是远远不够的。我们渴望更广阔的空间、更丰富的资源、更深入的探索。当超光年探测器到达华夏二号行星，发回它的地貌画面和参数时，整个地球陷入了狂欢，它简直是为人类定制的超大号新家园，它的存在让我们看到了无限的可能。

谨慎起见，华夏国组建了第一个远行团，他们的任务是到达华夏二号行星，建立前哨基地，进一步探测行星数据，这个计划被称为“光年奇航”。

八十年前，当第一批游子历经千辛万苦到达华夏二号行星时，发现实际的勘测数据比之前发回的还要理想，于是前哨基地破土动工，第一“光年”以勘测为主要工作，驻扎了下来。

五十年前，第二批游子携带着大量物资出发，经过八年的长途旅行到达华夏二号行星，大规模的矿场、农场、工作区在此建立，经过五十年的开发，华夏二号行星已经基本完成了一个文明行星所需要的基础架构。

而第三批游子，除了指挥官、工程师和老师，其他乘客都是从地球上挑选的优秀孩子，他们将携带文明之火，真正点燃华夏二号行星……

在长达八年的旅行当中，年轻的游子们将接受系统的地球文明培训，学习如何种植作物、如何建造房屋、如何制作工具、如何发展科技。他们将被教育成有思想、有文化、有能力的公民，成为华夏二号行星的新生力量。

而在这个过程中，他们也将迎来自己的成长和变化，学会如何面对困难、如何解决问题、如何与他人合作、如何领导团队。他们的思维将变得更加开阔，眼界将变得更加广阔。他们将成为真正的华夏人，为华夏二号行星的未来贡献自己的力量。

现在，你正登陆的是“神州号”，本次光年奇航的旗舰。你将在这里见证历史的诞生，成为新一代的佼佼者。你的每一次呼吸，每一次心跳，都将成为华夏二号行星新文明的一部分。你的旅程将充满挑战和困难，但你将勇敢面对，因为你是人类的希望，你是华夏二号行星的未来。

在这个故事的背景设定之下，我把策展大纲里的内容点和故事情节串联到一起，创作了展览大纲。

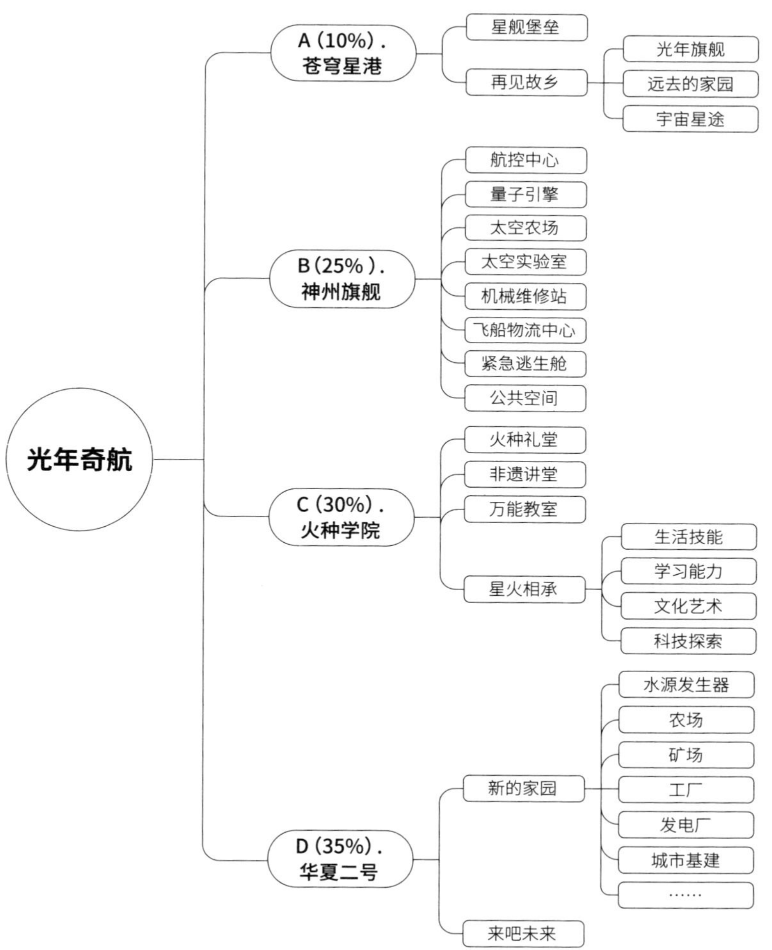
光年奇航
A（10%）.
苍穹星港
星舰堡垒
再见故乡
光年旗舰
远去的家园
宇宙星途
B（25%）.
神州旗舰
航控中心
量子引擎
太空农场
太空实验室
机械维修站
飞船物流中心
紧急逃生舱
公共空间
C（30%）.
火种学院
火种礼堂
非遗讲堂
万能教室
星火相承
生活技能
学习能力
文化艺术
科技探索
D（35%）.
华夏二号
新的家园
水源发生器
农场
矿场
工厂
发电厂
城市基建
……
来吧未来

“光年奇航”展览大纲

（5）文本写作

无论大纲还是故事，它们都是框架，是骨架，需要对其加以丰富，为展览增加血肉，这就是撰写展览文本。回忆一下，你参观过的博物馆，是不是每一个展品都有一段介绍性的文字，每一面墙上都有一块块展板，每段影像里都有一些文字？这些就是展览文本，是详细的内容介绍与说明。

想想前面所做的工作，阅读提炼时做的笔记，这时候就派得上用场了，把它们重新组织一下，用自己的话写下来。需要注意的是，文字不要太多，一个展板一两百字即可，一个标牌 30 ～ 50 字，如果是放在最前面的序言或放在最后的结束语，多写一些倒也无妨。

再强调一下，不用咬文嚼字，用自己习惯的说话方式书写即可。把书写的所有文本放到一个文档里，如 WORD、WPS 软件里，简单排版以便于观看，这样便可得到一个展览文本。在后期工作中，把这个展览文本和需要的物料尺寸发给制作方，就可以得到展板、标牌或其他展示用品了。

展览文本写完以后，需要对它反复核对和校验，除了用词、用语、标点符号等，还要保证内容的准确性，确保它们易于理解，没有歧义。

至于展览文本具体是什么样的，大家可以在本书第二部分找到答案。

3.2 将故事放入空间

（1）寻找展品

现在，我们已经拥有一个不错的展览文本了。展览文本中会有一个个有趣的内容点，那用什么来表现内容点呢？

除了将文字和图片打印出来，最直接，也最有效的表现方法是：用展品。

比如，创作一个陶瓷展，最直接的方法是把不同类型的陶瓷摆放上去；如果是一个美食展，最好的展品必然是一道道美食。你肯定不希望这个展览

指物为展，博物自成

变成一个纯粹的图片展，除非是摄影展或美术展。

那么，接下来的事情就简单了。找到它，放进来。找到它：通过购买或制作获得实物。大多数情况下，展品是必不可少的，有特殊意义的展品还能为展览加分。放进来：把展品的故事背景或者介绍放到展览文本里。

（2）另一种可能性

还有一种常见的情况，你原本就有许多收藏品，如邮票、画作、老照片或者其他收藏品，那么整个策展过程是可以反过来的，直接从已有的展品中找出一条逻辑，将它编撰成展览大纲和展览文本，大量的传统博物馆其实就是这么做的。

（3）想象一下空间

这些展品放在哪里呢？不要着急动手，先在脑海里想象一下它们可能的位置，这时你会发现不好安排具体位置，所以，要先安排创作的故事。

之前创作的展览大纲应该是分成几个部分的，如过去、现在、将来，或者材料、技术、作品、欣赏等。想一想，它们的比例分别是多少？比如，过去占 15%，现在占 30%，未来占 40%，那剩下的 15% 呢？可以变成一个序厅或尾厅。这样就得到了一套比例：序厅 5%，过去 15%，现在 30%，未来 40%，尾厅 10%。如果空间是 100 平方米，按照这个比例就知道每个部分所占的空间大小了，也就可以帮展品找到大致的摆放位置了。

（4）做一个展示设计师

只靠想象的话，稍显简略，接下来可以加入一些细节。现在拿出笔和纸，或者在电脑里用一些制图工具来画画。把前面想象的内容比例画成一个个大小差不多的泡泡，并按顺序将它们排列在空间里，一个大致的空间就出来了。

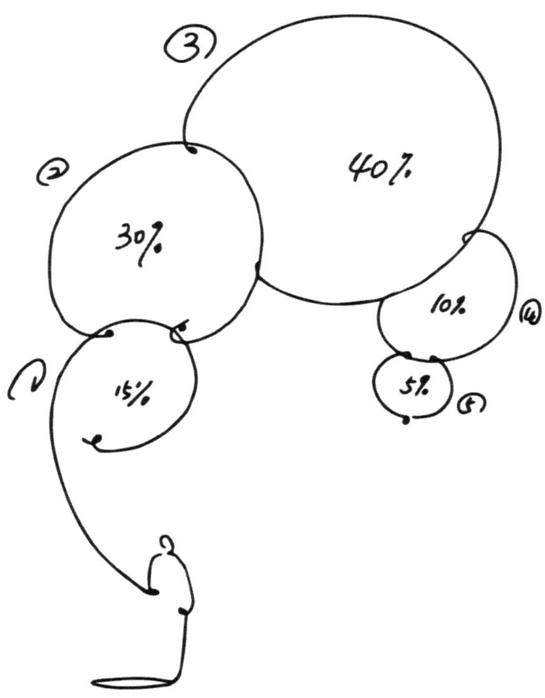

方圆来自胸中的丘壑

细节，细节，细节

然后，把故事变成一个个小泡泡，放进去，一个展览空间的布局便初步成形了。

接下来，还记得展品吗？把它们标记在这个空间里，看看放在哪里比较合适。最后，想一想，只放这些展品是不是很孤单？要不要打上灯光，让展品更突出、更漂亮？要不要给每个展品准备一个展示牌？展品背后的墙面上是否可以放一段文字或图片介绍？这些图片或文字可以变成视频吗？

现在，你就是一个展示设计师了。如果会画画，可以把它画出来。如果不会，在脑海里想象一下也是可以的。你有可能会发现，自己画的东西或想象的空间好像不太协调。这是必然的，因为没有经过足够多的空间训练，大多数人是没有空间比例的概念的。所以，一定要到现场，不断优化故事分布以及展品的布置设计。这个过程可能会有点长，但是耐心一些，一点点地调整，最终，你将得到一个更好的展示空间平面布局图。

（5）准备一些工具或材料

展示空间的设计一定要反反复复地想，这是一个殚精竭虑但非常有趣的过程。尽可能把所有细节想清楚，因为接下来需要这些细节来指导我们准备材料和工具。

在前面的工作中可以把所有可能用到的展品、展台、标牌、灯具的数量、规格写下来，把它做成一张自己可以看懂的表格以指导接下来的制作。

比如，举办一个艺术展，其中有 10 幅水墨画、25 张摄影图、10 个雕塑、2 个装置，先大致规划好它们的位置，然后可以计算出每个展品需要一个 20 厘米 ×30 厘米的展牌，每个区域需要一个 60 厘米 ×120 厘米的大展板，还需要一些专业的灯光。据此，可以制作出以下这个简易的清单。

如果不愿意制作这样的清单 , 也可以直接在文本上记录 , 只要自己能看懂就行。

某艺术展制作清单

材料设备	规格	备注
入口展板	宽 300 厘米 × 高 200 厘米，1 张	—
普通展板	宽 60 厘米 × 高 90 厘米，20 张； 宽 150 厘米 × 高 90 厘米，10 张； 宽 150 厘米 × 高 150 厘米，5 张	材料说明： KT 板打印或高清喷绘
铭牌	宽 30 厘米 × 高 20 厘米，35 张	材料说明： KT 板打印或高清喷绘
设备	电视机 1 台，65 英寸； 投影机 1 台，投射 100 英寸画面，至少 500 流明； 射灯 10 盏	—
道具	雕塑，10 个； 装置，2 个	—
其他	铆钉，若干； 安装工具，若干； 耗材，若干	—

还记得前面创作的展览文本吗？详细地将它们和清单内容对照，一一对应后，发给供应商或者自己凑齐它们。比较方便的方式是，先在网上看看是否有成品，如果没有成品，再看看能否定制。不过，最好直接采购成品的展示道具，一般情况下，展览展示的道具都可以在店铺、工厂里找到。而且，采用成品的展示道具可以大大降低成本及制作难度。

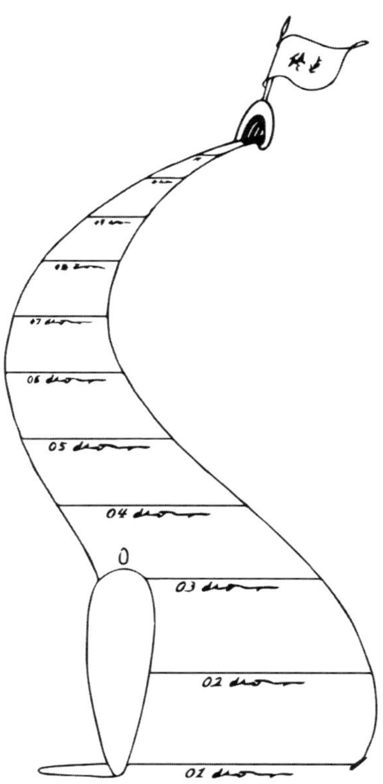

一步一步自然就走到终点

（6）开始动手吧

拥有了展品、展示道具（展板、标牌等）、材料、工具、装备（投影机、屏幕、灯具、音响）等，接下来，把它们安装起来。当然，也可以指挥朋友、家人或专业工人完成布展工作。

如果是一个简易的展览，如画展、摄影展、小型的工艺品展，完全可以自己动手，只要材料齐备，很可能只需要把展板挂到墙面，把展品放到展台，把展柜移动到合适的位置，然后不断地调整布局、优化参观路线，让观众更加舒适即可。

有一个能突出效果的技巧——调整灯光，如调整照射的角度、明暗、色温，就像调整家里的氛围灯光一样，直到满意为止。如果条件不够，采用普通的照明或直接采用自然光也没问题。

如果这个展览比较复杂，如涉及一些结构的搭建、设备的安装、灯具的布置等，建议把这些事交给更专业的展览施工团队，至少让有经验的人来安装及调试，这样效果和效率会更有保障。

（7）调整并美化展览

经过初步的布展，已经获得了一个不错的展览空间。但是，因为经验不足，或者前期考虑不周，这时候可能会发现许多不足。比如，观众参观的线路太堵、照明不足、展品太少、说明文字太小、展板太多……没关系，一切都还来得及。把那些不符合自己预期的东西找出来，在开展之前尽量想办法完善它。但如果实在来不及，只要不是安全类的大问题也没关系，这些都将成为我们下一次策展的宝贵经验。

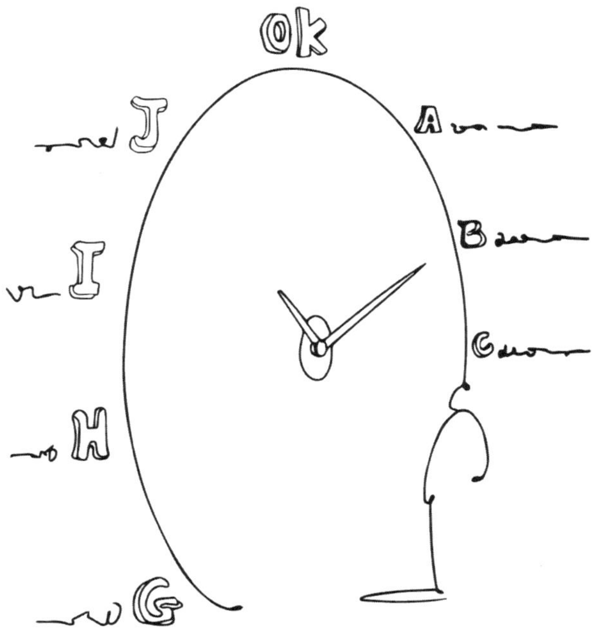

未雨绸缪方有条不紊

4 开展啦

4.1 开展前的推广

每个展览都可以预设开展时间，一方面可以促进创作，另一方面可以让更多的人有心理预期，就像举办婚礼一样，甚至可以具体到某年某月某日的某时。让大部分人知道你正准备举办一个展览，以及展览内容是什么，这就是展览的推广。

推广最简单的方式是，在朋友圈发布展览信息或者定向邀请我们的朋友。如果希望有更多受众，可以借助其他宣传推广平台来发布展览信息，甚至可以借助新媒体手段，如短视频平台、公众号等。如果展览涉及商业目的，还可以通过商业宣传推广平台，如一些票务网站等来推广。推广的时候，告诉大家展览主题、展览卖点，以及展览上将要展示的详细内容，以引起他们的兴趣。宣传推广的过程可以持续数天、数周或者数月，这个时长根据需要来设定。

4.2 开展日

时间一天天过去了，开展在即，是不是有些紧张和期待呢？不妨设定一个开展日活动，邀请朋友、家人欢聚一堂，他们将见证你过去这段时间的努力，并将你办展的消息传递给更多的人。

即便在开展之后，也可以继续定期或不定期举办一些现场活动，如论坛、课程、游戏等，并继续推广展览。关于活动的筹办，如果只是一些简单的小活动，自行准备即可；如果事情太复杂，可以邀请专业会务或活动公司来帮忙。

策展，是我们表达世界的一种方式

4.3 现场讲解

作为一个策展人，我们还有义务向来宾讲解策展思路，包括展品及其背后的故事。在接下来的一段时间里，我们将化身主要的讲解员为观众服务。享受这个过程吧！因为我们期待的正是这一时刻：将我们之所好，传递于世间。

如果时间不够也没关系，可以提前录制好音频或者视频并上传至网络，将链接生成二维码，现场观众只需要扫码就可以听到或看到。

精耕细作，然后万物生长

5 让孩子们参与策展

策展是一个非常有意思的艺术实践过程，如果能让孩子参与其中，对他们来说，这将是一次难忘的体验，甚至有可能在他们心里埋下文化与艺术的种子。因此，在这个章节里，我将介绍如何帮助孩子变成一个小小的策展人。

5.1 帮他们选题

不用过分强调展览的主题，只要寻找孩子们愿意去尝试的内容即可。比如，将主题与他们的文化课程结合，与社会实践课、科学实践课结合，或者与他们的兴趣爱好结合，如“一滴水里面的生命展”“故乡的树叶展”“身边的名人展”“植物标本展”“笔的一万种可能展”……所有的知识点都可以变成一个个展览，我们要做的就是帮孩子展开它。

5.2 一起讲故事

选定主题之后，可以帮孩子寻找一些书籍、纪录片，让他们对这个主题有更深入的了解，但不必要求孩子变成半个专家。在阅读和理解的过程中，可以陪孩子一起做笔记，记录下各种各样的内容点和知识点，甚至可以进行一些问答，这些问答会变成展览中的一些趣味互动点。

5.3 一起想象

在了解主题的过程中，不妨和孩子一起想象这些内容点可能的展示方法和展示工具。把它们记录在纸上、本子上或者手机里，在这个阶段，不用过分强调展览的逻辑，对绝大多数孩子来说，逻辑不是最重要的，趣味点和互动点才是。如果拥有十几个有趣的互动点，即使没有逻辑，也可以把它们变

有时候，孩子比我们更懂得想要什么

过程有时候就是目的

成一个有趣的展览。

5.4 共同搭建

可以在家里、校园里，或者社区的公共空间，甚至一些零碎的空间里进行简单的搭建，简单到只用几根棍子或者几个展板。可以利用家里的废弃物，或者现有的家具，再加上一些遮盖物制作展台。不用苛求展板的形式，可以手写，可以打印，也可以采购成品；可以是平面的，也可以是立体的。当然，如果孩子拥有一定的绘画天赋，可以让他自己动手完成展板的创作。

将展板、展品和各种配套的展示物品放到一起，摆放整齐，或者按照一定的规律放在一起，这样就和孩子一起完成这次有趣的展览了。如果想搭建一个更大的空间，创作一个正式的展览，也可以邀请孩子用前面所说的方式，完整地进行一次尝试。

5.5 小小讲解员

搭建完展览区域后不要着急离开，让孩子作为展览的小小讲解员，把制作的过程、内容点，还有他对这个展览的理解，用自己的话向观众介绍，这对孩子来说也是一次小小的锻炼。

在讲解之前，最好把讲解写成文本，让孩子熟悉这些文本甚至背诵下来，这样他才能做到游刃有余。也可以让孩子了解一些关于展品的扩展性信息，在讲解的时候做一些补充和穿插，这对他的自我表达能力的培养是非常有益处的。

5.6 带走你的展品

在展览结束的时候，记得把展览拆解后带走，如展台、框架结构、图文板等。如果它们有一定的装饰或功能作用，可以带回家，如果不想带回去，请将它们拆掉，分类放到回收站。

5.7 记录你的创作过程

把上述全过程用手机、相机记录下来，在这个过程中创作的照片、影像或文字也要留存好，在未来的某个时刻，它很有可能会变成孩子的成长素材，这段创作经历将成为你们共同的回忆。

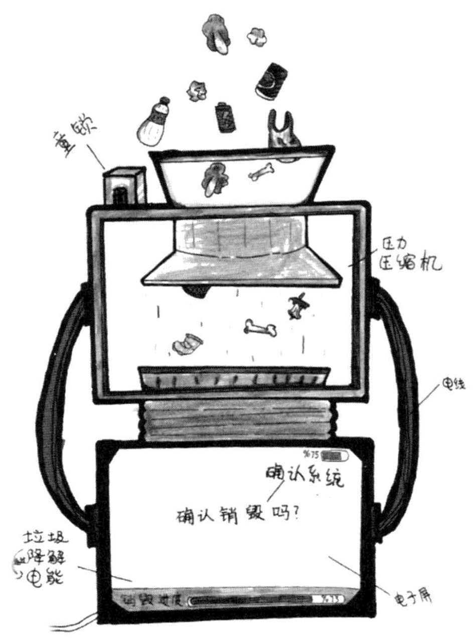

垃圾黑洞 [叶语砚、樊柏麟创作，高佳逸（绘）]

捏一个你，塑一个我

第二部分

创作实战

通过第一部分，大家对策展这件事已经有了初步的认知，甚至已经可以完整地创作一个小型展览了。接下来，我将分享几个展览的创作过程和细节。这些案例对应不同大小的空间，小到一个茶席，大到一个小型展览馆，相信大家会从策展过程中获取一些创作思路。

另外，创作一个展览需要的技术不是单一的，往往要将多种技术结合使用，在接下来的案例中，我们将对每一个项目采用的主要展示手段做出说明。当大家掌握了这些手段，创作一个展览便是一件很容易的事情了。

6 茶道微馆

6.1 普通的不普通

茶，是我们身边很常见的东西，虽然它很普通，但文化内涵极其深厚。但也因为常见，我们会对它熟视无睹，又因为茶文化的庞杂，很多人一开始就丧失了认识茶的勇气。这类普通却拥有深刻文化内涵的东西，在我们的生活中比比皆是。所以，可以试着接触它们，了解它们，爱上它们。

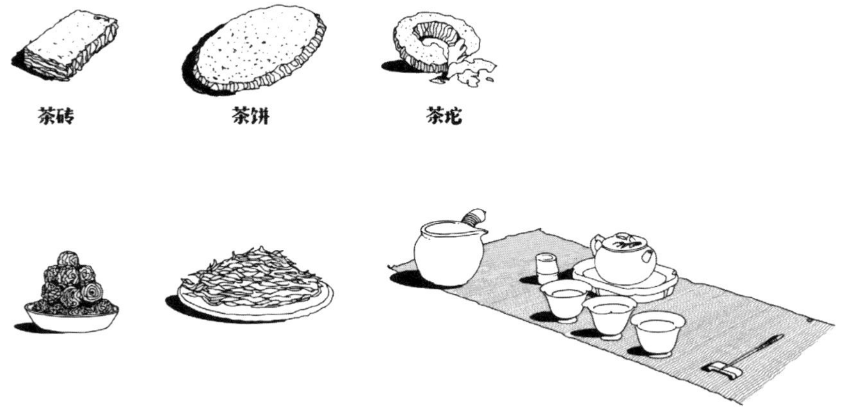

6.2 一个茶席

我的目的是把展览变成我们生活的一部分，所以倾向于选择比较小的空间，甚至利用现有的家居空间进行改造，因此，打造一个以茶文化为主题的茶室或者茶席，就是“茶道微馆”最理想的选择。

针对“茶道微馆”，我的空间设定是一个 5 ～ 10 平方米的空间，或者直接将一个茶席当成一个微型的茶文化体验馆来创作。关于茶席，这里要明确一下它的定义，茶席并不是大部分人认为的一张桌子、一个台面，而是包含了环境氛围设计的整个空间范围。在本案例中，我选择的是一个长 3 米、宽 2 米的空间。

6.3 茶的故事

认识新事物的过程是快乐的。假如对茶文化了解并不深，那么为了做好这个空间，我们就需要对茶文化有一些初步的认知，并且尽量形成一个有逻辑的认知框架。这个系统性的认知框架可以从诸多书籍中获取，也可以直接请教朋友或者行业专家。

针对茶叶这个主题，我的初期认知是从书籍中获取的（参考资料见本部分末尾）。除了参考书籍，我还观看了大量的中国茶艺教学类视频，并进行了一些系统的学习和练习。经过一年多的学习，我对茶文化有了初步的认知，一个关于茶的故事框架就在我的脑海里面形成了。

还记得我前面说过的话吗？把一个非常复杂的东西梳理成简明扼要的框架，或者把它变成一个故事。然后，我创作了“茶道微馆”的展览大纲。乍一看，会不会觉得这个框架过于简单？实际上 90% 的人对这方面的认知都达不到这种程度，大家在创作时甚至可以继续简化，用其中的二级目录或者一两个内容点来举办展览。

根据这个大纲，我填充了其中的内容，形成了一个简单的展览文本，如下。

A. 茶：简单而浩瀚

1. 我的名字

1) 名字的来源

在遥远的过去，茶需要借用荼、槚、蔎、荈、茗等已有的汉字来表达自己。在 8—9 世纪，“茶”字逐渐从“荼”字演变而来。茶从依附于其他汉字到独立成字的过程，对应着饮茶在社会中越来越普及的过程。

2) 雅号

随着饮茶在一些人群中成为雅事，茶亦有了雅号。清友、叶嘉、甘露、月团……这些雅号反映着人们赋予制茶、泡茶、饮茶等活动的诗意。

3) 外文

中国是世界上最早生产茶叶的国家，因此很多国家对茶的称呼都受到了中国的影响，尤其是受广东方言中“cha”和厦门方言中“te/tay”的影响，如英语“Tea”、丹麦语“Te”等。

2. 茶的文化

1) 什么是文化？

在联合国教科文组织发布的《世界文化多样性宣言》的序言部分，文化

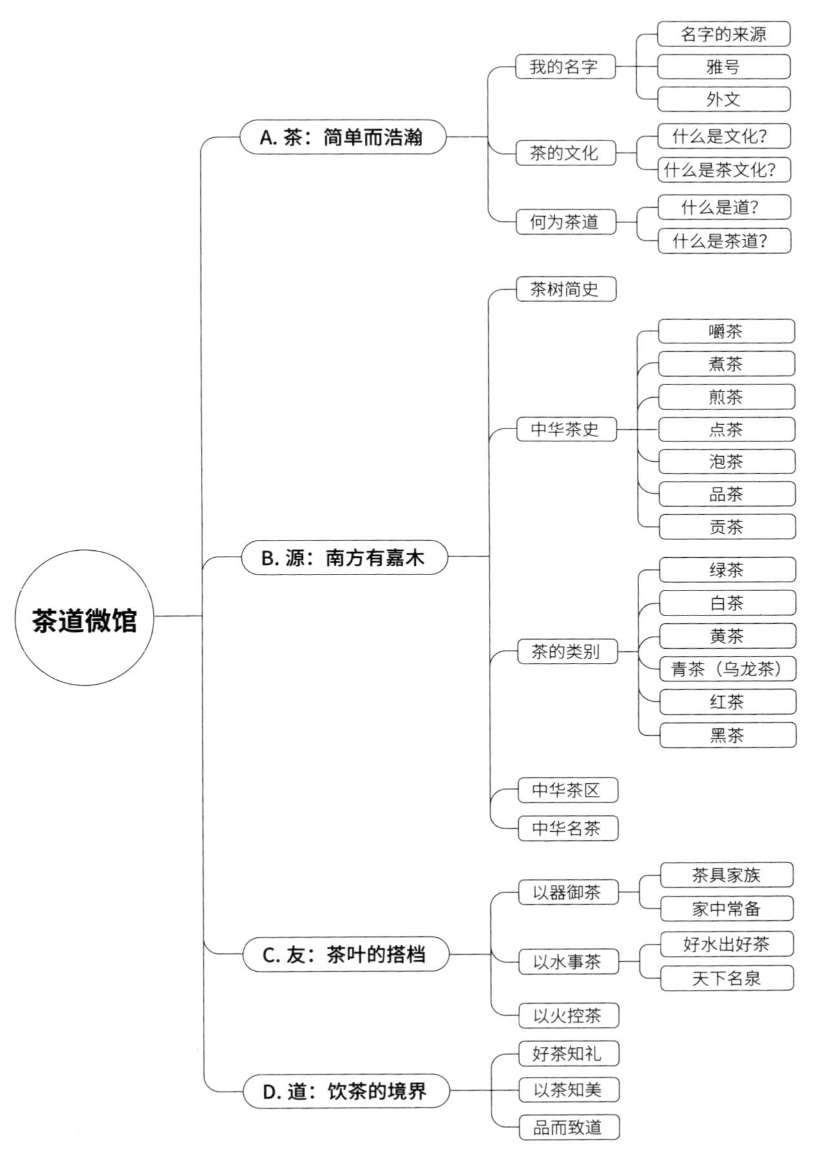

茶道微馆
A. 茶：简单而浩瀚
我的名字
名字的来源
雅号
外文
茶的文化
什么是文化?
什么是茶文化?
何为茶道
什么是道?
什么是茶道?
B. 源：南方有嘉木
茶树简史
中华茶史
嚼茶
煮茶
煎茶
点茶
泡茶
品茶
贡茶
茶的类别
绿茶
白茶
黄茶
青茶（乌龙茶）
红茶
黑茶
中华茶区
中华名茶
C. 友：茶叶的搭档
以器御茶
茶具家族
家中常备
以水事茶
好水出好茶
天下名泉
以火控茶
D. 道：饮茶的境界
好茶知礼
以茶知美
品而致道

“茶道微馆”展览大纲

被定义为“某个社会或某个社会群体特有的精神与物质，智力与情感方面的不同特点之总和。除了文学和艺术外，文化还包括生活方式、共处的方式、价值观体系、传统和信仰”。

2) 什么是茶文化？

随着茶日益流行，饮茶成了习俗的一部分。围绕着茶，每个地区都形成了不同的喝茶习俗和方式，茶在各个社群中也拥有多样的象征和精神意义，这就构成了不同社群中的茶文化。所以，茶文化是以茶为媒介的生活方式的总和。

3. 何为茶道

1) 什么是道？

“道”的本义为供人行走的道路，后来引申出法则、规律、方法、思想体系等义。在中国传统哲学著作中，“道”可以用来指宇宙的本体，以及万物产生和运行的规律。

2) 什么是茶道？

茶道是指通过沏茶、品茶及相关的礼节来陶冶性情的饮茶技艺。

B. 源：南方有嘉木

1. 茶树简史

茶叶是茶树的叶子，茶树是多年生常绿灌木植物。几千年前，中国人就开始驯化和栽培茶树。茶树在这个过程中不断进化，分化出了两种类型：大叶种茶树和中小叶种茶树。大叶种茶适合制作红茶，中小叶种茶制作的绿茶、乌龙茶等香气更加多样。

2. 中华茶史

1) 嚼茶

早期人类发现茶树时，还没有泡茶的习惯，而是直接咀嚼茶树鲜叶。中国有神农氏尝百草后通过嚼茶叶解毒的传说，中国云南、也门的部分地区等还保留着嚼茶的习惯。

2) 煮茶

除了咀嚼茶叶，古人也用火煮茶，做成类似羹汤或凉拌菜的菜品。最初，古人用火直接烹煮鲜叶。到了周朝和春秋时期，人们开始晾晒茶叶，以便长期保存，形成了先晒干茶叶，再用水煮羹的方法。

3) 煎茶

唐代形成了较为复杂的“煎茶”法。将茶饼烤干、碾碎、过筛，成为颗粒后，先烧水，再煮茶，茶汤需要经过“三沸”，至茶汤形成浮沫后，就可以“酌茶”，也就是用瓢在茶盏中分茶。

4) 点茶

宋代的“点茶”法是从唐代的“煎茶”法发展而来的。将碾细的茶末直接放入茶碗中，注入煎好的水，并用茶筅搅动茶汤，形成汤花。宋人乐于“斗茶”，品评“点茶”时形成的汤花的色泽和均匀程度。

5) 泡茶

明代，散叶茶取代了之前流行的团茶，用沸水直接冲泡散叶茶的方法逐渐取代了点茶法。人们认为散叶茶比茶饼更能保留茶叶的“真味”，崇尚精简的饮茶方式。

6) 品茶

品茶是在饮茶时对茶叶、茶汤、茶人、技艺、环境等进行品评、鉴赏，“品茶”这一词语在宋代开始被较多地使用，在明代确立了关于“品茶”的基本内涵，在清代“品茶”一词被广泛使用，并沿用至今。

7) 贡茶

贡茶是指作为贡品献给皇室的茶叶产品。贡茶可分为地方主动上贡的与由朝廷设立的机构生产的。唐代最早设立了贡茶院，专为皇室制茶。从此，贡茶制度虽在规模和形式上有过变化，但一直延续到清代。

3. 茶的类别

茶叶的种类繁多，大家往往会被各种各样的名称和工艺搞得晕头转向，根据发酵程度的不同来识别茶是最方便的。发酵是利用茶叶自身的酶与氧气发生反应，或者利用微生物的代谢，转化有机物质的过程。

加工过程中没有经过发酵的是绿茶，微发酵的是白茶或黄茶，半发酵的是乌龙茶，全发酵（70% ~ 80%）的是红茶，发酵程度 100% 的是黑茶。

1) 绿茶

新鲜的茶叶采摘后，经过杀青、揉捻、干燥等工序之后，不进行发酵所得的茶叶制品称为绿茶。杀青的主要办法是蒸青、炒青，目的是通过高温快速破坏叶片中酶的活性，并去除青草气。著名的绿茶品种有西湖龙井、庐山云雾、洞庭碧螺春等。

2) 白茶

白茶属于微发酵茶，因满披白毫而得名。鲜茶叶采摘后自然通风干燥，至七八成干时再用文火干燥。著名的白茶品种有白毫银针、白牡丹、贡眉等。

3) 黄茶

黄茶的制作过程近似绿茶，只是在杀青、揉捻后增加一道“闷黄”工艺，使茶叶轻度发酵。

4) 青茶（乌龙茶）

青茶（乌龙茶）属于半发酵茶，既有绿茶的清香，又有红茶的醇厚浓香，大家熟知的大红袍、铁观音、凤凰单丛等都属于这类。

5) 红茶

由鲜茶叶经过萎凋、揉捻、发酵、干燥等工序制作而成，它叶色深红，茶汤以红色为主调，因此得名。因为发酵程度较高，红茶富含的香气物质较其他茶多，著名的品种有正山小种、祁门红茶、滇红等。

6) 黑茶

鲜茶叶经过高温杀青、揉捻、渥堆、干燥等工序制作而成的，长时间堆积发酵，使叶片呈现黑褐色，并形成独特的风味。黑茶储存时间长，是边疆少数民族补充微量元素的重要植物。著名黑茶有云南普洱茶、湖南黑茶等。

当然，根据茶叶理化性能的不同维度，还有其他的分类方法，如根据形状、制作工艺、采摘时间、产地等分类。

4. 中华茶区

根据地域和出产茶叶种类的不同，我国有四大茶区：华南茶区、西南茶区、江南茶区和江北茶区。

华南茶区：位于中国四大茶区最南部，包括福建东南部、台湾、广东中南部、广西南部、云南南部及海南等地，主要出产乌龙茶、红茶、绿茶、花茶等。

西南茶区：西南茶区是茶树的原产地，包括云南、贵州、重庆、四川，以及湖南西部、湖北西南部、广西北部和西藏东南部等地，主要出产黑茶、绿茶、红茶、花茶等。

江南茶区：江南茶区是中国名茶最多的茶区，位于长江中下游南部，包括江苏、浙江和安徽等地，主要出产绿茶、红茶和乌龙茶。

江北茶区：江北茶区位于长江以北，秦岭淮河以南，以及山东沂河以东部分地区，主要出产绿茶。

5. 中华名茶

特殊的地理环境产生的物候差异，造就了不同茶叶特殊的香气和口感，在几千年里逐渐形成了不同的茶叶产区及知名茶叶品种，后广为国人所知的是为中华名茶。

1) 洞庭碧螺春

产于江苏省的太湖洞庭山，条索纤细，卷曲如螺，其香幽雅，滋味干爽，汤色清澈。

2) 南京雨花茶

形似松针，翠绿挺拔，产于南京，有忠贞不屈的象征，香气浓郁，滋味鲜醇。

3) 黄山毛峰

产于安徽省黄山，形似雀舌，绿中泛黄，银毫显露，味鲜浓而不苦，回味甘爽。

4) 庐山云雾茶

在庐山丰沛云雾之中滋养，芽壮叶肥，香气芬芳，经久耐泡。

5) 六安瓜片

产于安徽六安，形似瓜片，香气清鲜。

6) 君山银针

产于湖南岳阳君山，茶芽壮硕，气味清香，因茶叶内面与外层的颜色差异而得雅号“金镶玉”。

7) 信阳毛尖

河南信阳特产，叶尖细嫩，以滋味鲜爽、回甘著称。

8) 武夷岩茶

产于福建武夷山，以岩骨花香为韵，以三坑两涧所产为最。

9) 安溪铁观音

始于唐末，发源于安溪县，有清香型和浓香型两大香型，汤色似琥珀，有天然兰花香。

10) 祁门红茶

以槠叶种茶树为主要原料，色泽红亮，是世界公认的三大高香茶之一，其香气被誉为“祁门香”。

11) 西湖龙井

以生长于杭州西湖西南龙井村四周山区为最，形似碗钉，色泽翠绿，香气清高，每 1 千克成品茶需要鲜叶约 7 万片。

12) 都匀毛尖

来自贵州都匀，纤细披白毫，形似雀舌，有“三绿透黄色”的特点。

13) 恩施玉露

湖北恩施特产，以形似玉露、色泽翠绿、味道鲜爽、香气清新著称。

14) 福建银针

以白毫银针品种而得名，滋味清甜，香气芬芳。

15) 云南普洱茶

以发酵后形成独特陈香著称，滋味醇厚。

16) 福建云茶

以云雾山头所采优质鲜叶为原料制成。

17) 蒙顶甘露

“扬子江心水，蒙山顶上茶”，四川蒙山特产，外形卷曲多毫，嫩绿油润。

18）苏州茉莉花茶

江苏苏州特产，以茉莉花为原料制成，香气芬芳，滋味清甜。

C. 友：茶叶的搭档

1. 以器御茶

饮茶的用具常被戏称为一桌“金木水火土”，这种说法倒也十分生动有趣。

1) 茶具家族

从茶具的用途上看，煮茶、制茶、量取、贮水、调味、泡茶、饮茶、储藏用的茶具种类繁多，只为满足对茶水细微的控制，以实现茶之极致。

从材料上看，随着可控温度的升高，从陶到瓷，再到玻璃制品及现代的金属工艺制品，茶具进化史可视为工业进化史之缩影。

从控温的手段上看，从传统的人工控温到现代的自动化控温、一体化饮茶设备，茶具之道更趋于简化，以适应快节奏的变化。

2) 家中常备

好茶之家常备茶桌，五行俱全，更有好茶者，行住坐卧，皆不可缺茶，因此，诸如旅行茶具、办公茶具、户外茶具繁荣兴起。但若是浅尝辄止，普通饮水器具皆可为茶道之选，品茶之具，随心而已。

2. 以水事茶

1) 好水出好茶

若是煮咖啡，似乎对水的要求并不高，反而有些地区是借助咖啡遮掩水的味道。而茶却全然相反，好水方出好茶，水中微量元素的差异，使茶叶的口感有了更加丰富的变化，因此，古今好茶之人往往追求天下名泉好水。

2) 天下名泉

对水的追求本质上是追求至臻至纯的味道，现代人品茶、饮茶多用蒸馏水，古代受限于科技，并不能轻易获取，只能在山间寻找，于是不免对天下知名泉进行各种评比，自陆羽《茶经》始，天下名泉之争，千年未休。

3. 以火控茶

煮茶或泡茶，对温度的控制十分重要，现代西人之法，以精确论，适用于现代科学工艺之体系，但若说茶道，炉火缥缈之间，形成一种动态的平衡，以一心系之于水温，以近道之茶，在茶叶沉浮之间求近道之心，更像是对茶温更本质的追求。

D. 道：饮茶的境界

初始，茶的功能为解渴、去病，唐宋以降，茶似乎可以牵动心境，所以后人喝茶，一半求养生，一半求养心，以茶近道，是饮茶的境界。

1. 好茶知礼

昔人之求，首在其行，其行之首在礼，茶之道非在温饱，乃更上一层楼，作用于精神价值，以礼区分良莠，所以，茶礼是茶文化的重要组成部分。

2. 以茶知美

其道之二，是因行知美，以别于禽兽。所谓茶之美，观其形，茶叶之形态、颜色，茶具之造型、纹样，茶室之布局、氛围等，审美在这一刻尽显。

3. 品而致道

茶之至，是本味，是返璞归真，是人之本性，如上善若水、心外无物、本心明鉴。

天下之扰扰，因本心不动，如礁遇水，如山御风，岿然不动，可通达宇宙。

本心之固，起于鸿蒙，利人，爱众，自得因果，无苛于求也。

心之通达，似琉璃，我心起光明，万物皆我之颜色。

6.4 身边之物

在博物馆内，展品大都被放在一个个玻璃柜里，但在家居场景中，这样并不实用，所以我更倾向于寻找那些日用品作为展品。在本案例中，最适合的展品就是各种各样的茶具、茶叶及营造空间氛围的装备。

这些东西可以从哪里获取呢？最简单的方式自然是购买，不论是通过网店还是线下实体店，把你看中的东西带回家。如果你的手工能力还不错，我鼓励大家尽量动手制作，一些简单的东西，如杯垫、盖置、收纳盒、挂画等，都可以依照自己的审美进行创作。

不用追求一次性将它们全部准备完毕，现在很多所谓的套装产品，并不是最佳选择，因为使用的人过多，并不能凸显你的品味，而且过于普遍的东西，最终大都会失去设计感，你可以慢慢去寻找那些可以与展览主题相呼应的东西。

这当然不是鼓励大家去购买贵的物品，我们的追求是“近乎道矣”。比如，一个小小的盖置，完全可以用在小河滩不经意捡到的小石头来代替；而花器，用一截切割下来的竹筒、一个有年代感的废弃木盒，甚至一个有坑的石头都可以代替；至于插花，当然可以购买鲜花，但也完全可以用野外捡来的树枝，或者用采摘的野花。

6.5 茶的等待

这个布展就是在我们前面说的 2 米 ×3 米的空间中完成。我不希望它变成一个纯粹的展示空间，就像现在很多人做的那样，把收集到的各种各样的东西摆放在那儿，只为自己提供情绪价值。我更鼓励的是：使用它们，让它们变成我们生活的一部分。

所以，我把这个 2 米 ×3 米的空间设计成一个茶席空间，先做一个大的布展规划：上方有几幅画，画的主题与植物或者书法相关；中间是一

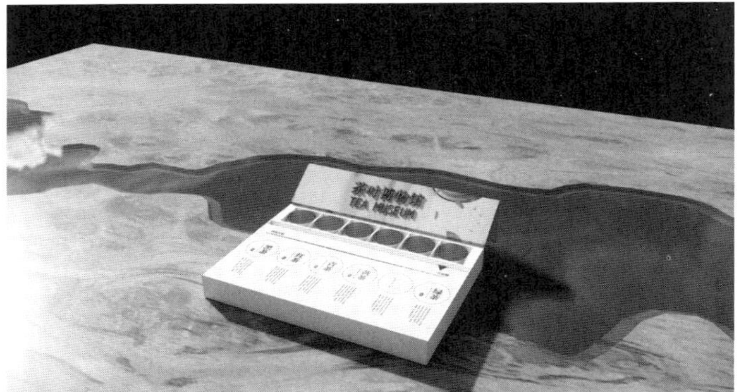
茶叶博物馆
TEA MUSEUM

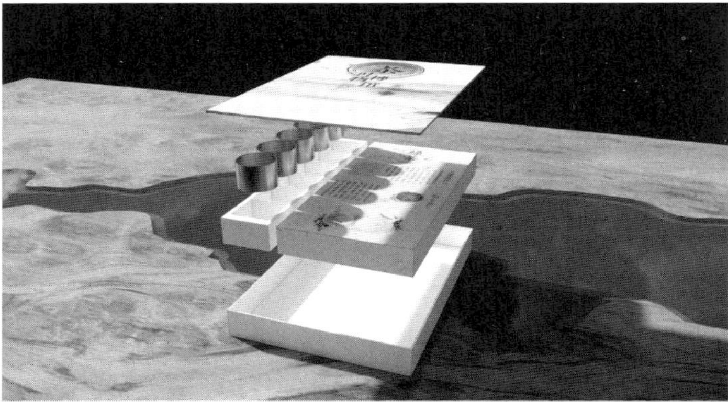

张长条形的茶桌，茶桌上铺着桌布，桌子旁边是几把舒适的椅子，茶道用品按照我的使用习惯摆放，烧水的用具放在右手边，待使用的茶叶放在左手边……

有了大致的规划，接下来可以细化尺寸。如果不了解人体工程学，可大致参考一下餐桌，确定桌子的长、宽、高是多少，并确定椅子的尺寸、材质，然后确定挂画和地毯的尺寸，最终确定放在桌子上的其他用品的尺寸。

就像前面说到的，这可能是一个漫长的过程，有可能是几天，也有可能是几个月，甚至数年，不要着急，慢慢调整，随着审美能力的不断升高和需求的不断变化，它会不断趋于完善和完美。

这个过程并没有标准答案，甚至完全不用像做传统博物馆或者展览馆那样制作大量的卡牌，写上各种各样的文字介绍。有空的话，可以做一点儿简单的说明，整个展览的过程是动态的，当朋友或者家人坐到茶桌边时，这个小型的“茶道微馆”就被激活了。甚至，这个小型的“茶道微馆”还可以继续缩小，变成迷你版的“茶叶博物馆”——可以是一个礼盒，也可以是一本“书”。

你或许会有疑问：这怎么能算是一个展览呢？空间的形式是多种多样的，当然可以把它打造成一个展览，也可以把它化形，融入一席茶之中，这本身就是我们追求的展览态度。把你写的展览文本，根据现场情况娓娓道来，你设置的环境所创造的氛围将帮你传达这些信息，这时，你就是最好的讲解员，在一品一饮之中，茶叶博物馆与生活相融，不再分割。这是展览的本意，也是我写本书的目的。

6.6 图文展示

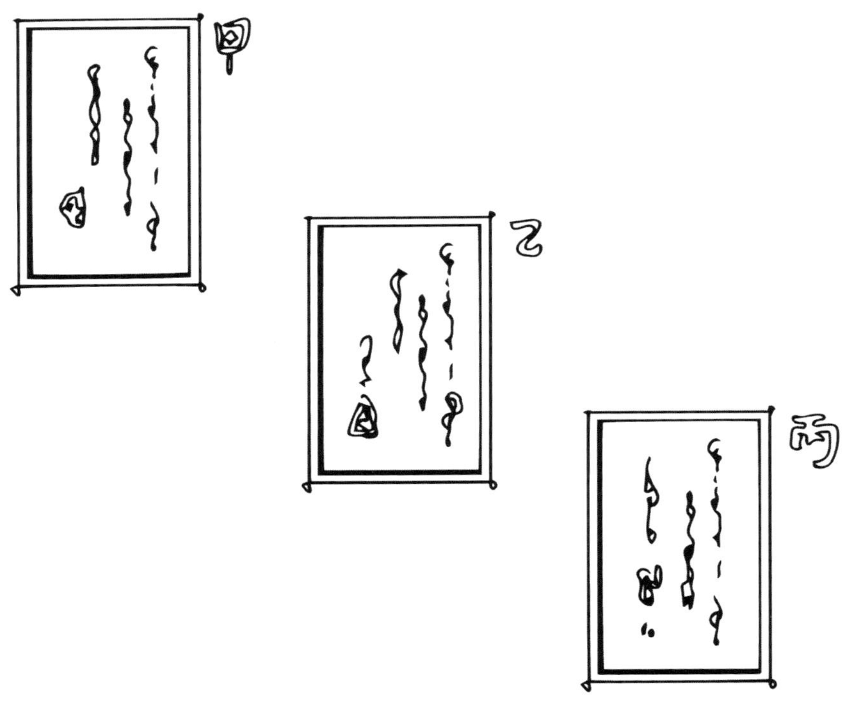

在“茶道微馆”中，我们采用的主要是图文展示，这也是大多数展览中最基础、最必不可少的技术。

（1）图文的排版

图文排版涉及平面设计专业，但我会尽量用大家最容易理解的方式进行讲解。首先，你要知道什么是平面排版。平面排版就是把文字及图片按照你觉得好看的方式放在一起。只要把它们放在一起，就构成了版式，即便是乱放——当然，唯一可能产生的问题是：不好看。不过，还是有几种常见的图文排版方法可以参考。

第 1 种方法：平铺。

这其实是我最喜欢的排版方式。一张图片，不用考虑怎么分割它，直接把它平铺，放至最大，其他什么都不用做。如果不喜欢平铺，可以把画面缩小一点儿，剩下的地方留白即可。大多数画展其实都是这么做的。

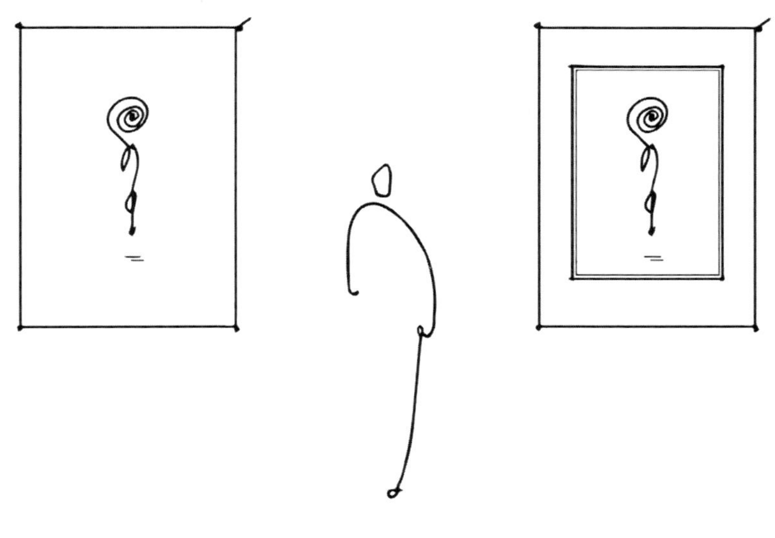

图文的排版

第 2 种方法：协调比例。

如果想在画面上加点内容，将图片和文字排在一起，或者画面是由纯文字构成的，有一个简单的排版技巧，步骤如下。

精简：把文字精简一下，一般三五十个字即可。

对齐：无论左对齐、居中对齐还是右对齐，总之，先对齐。

分组：同类信息放到一起，如中英文名字放在一起，功能说明放到一起，画作的来源说明放到一起，等等。

强调：把想强调的文字内容放大、加粗或改变颜色，让观众一眼就能看到它。

美化：把画面的元素稍微调整一下位置，使其看起来更顺眼。

那么，用什么软件对图文进行排版呢？大家可能听说过 Photoshop、AI、Publisher 等专业软件，但如果它们对你来说太难了，那么可以退而求其次，使用 PPT 排版，甚至直接用手机进行傻瓜式排版。但是，要事先想好图画的尺寸，是标准的 A4（21 厘米 ×29.7 厘米）或 A3（29.7 厘米 ×42 厘米），还是其他尺寸。确定尺寸以后再排版。

如果你无意成为一个专业的平面设计师，可以不必学平面排版原理、色彩原理、结构原理，对普通人来说，遵从本能，让自己感觉最舒服就是排版的最高技巧。

（2）素材的来源

有一件事情不得不提醒大家：版权。创作中使用的图片、字体，包括音频、视频、展品等，如果不是自己原创的，很可能都是有版权的，忽视了版权，有可能会带来麻烦。所以，最简单的办法是尽量自己原创，如画作、摄影作品、DIY 展品等。如果不可避免地要使用一些素材，可以使用那些可免费商用的字体或图片，但计划商用的时候必须购买。这些素材可以从一些素材网站上获取，也可以直接搜索“可商用字体”或“免费版权图片”等关键词来找到相关的网站。

（3）图文的印刷

家里有打印机吗？有的话把纸张放进去，把排好的画面打印出来，就得到了最终的作品。不过，家用打印机能打印的尺寸一般不会超过 A4 或 A3，并且大多使用普通的 70 克或 80 克打印纸，没有特殊的纹样或者肌理，直接打印的话会感觉效果一般。

如果追求更大的尺寸、更好的打印效果，可以去找打印店或在网上商城找打印服务商家。纸张可以根据展览主题，选择带有特殊颜色或者纹理的，如卡纸、照片纸、东巴纸、洒金纸等。

打印出来的图像可以用一个漂亮的画框保护起来，这样在后续展出的时候不会卷曲，也方便挂起来或者安装在墙上。

除了常规的打印方式之外，还有高清写真、微喷打印、丝网印、转印贴等打印方法，其质量和感官效果大不相同，可以根据需求选择。

（4）图文立体化

平面图文有时候会让人感觉比较单调，这时可以在平面设计过程中加入一些立体元素，就像立体书那样，使平面通过卷曲、翻折、雕刻等方式具有立体效果。

（5）图文的安装

如果展品是画作，可以直接用普通的钉子或者专门的挂画钉挂在墙上；如果画作和墙面有一定的距离，或者需要将画作悬空，可以选择专门的轨道

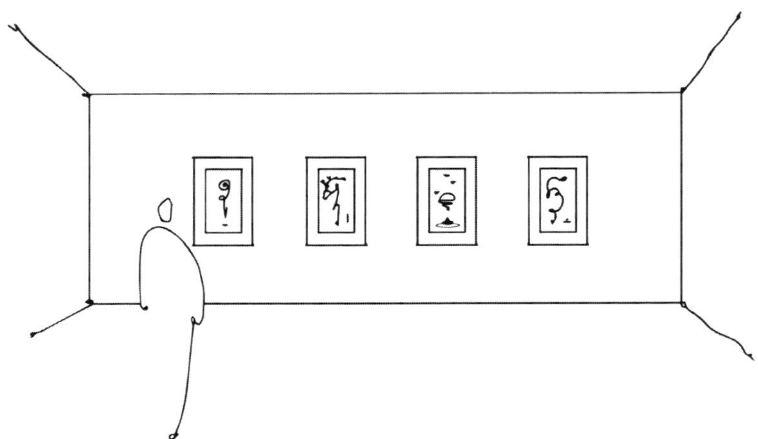

变成展板的图文

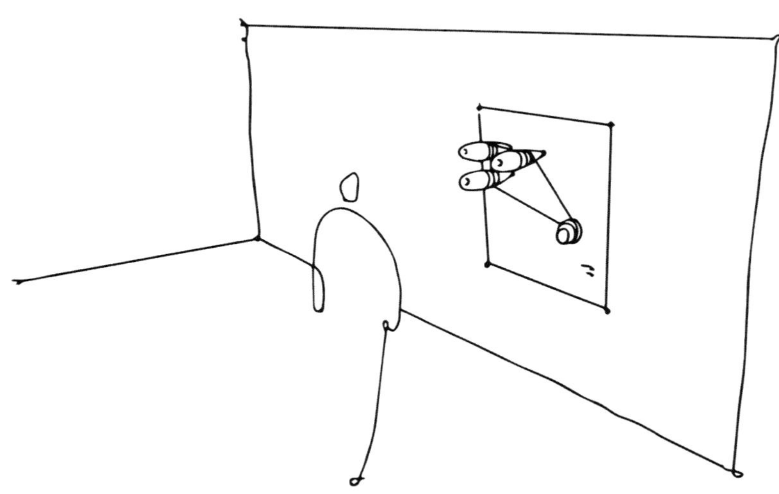

平面元素立体化

挂画钩，轨道可以让画作左右平移，挂画钩则可以调节上下的位置；如果选择转印贴，在收到货之后需要根据说明书将转印贴上的画面转移到墙面上；如果选择利用雪弗板制作展板或结构，可以直接将画作粘贴或钉到墙面上。

以上所说的图文展示技术虽然非常简单，但完全能够满足举办一场小型图文展览的需求。当然，如果深究的话，印刷技术是一门专业的学科，从印刷油墨、设备到印刷技艺，有大量的知识点和细节，若在这个过程中想要深入了解印刷，可以另外寻找单独的教材或教程来学习。

另外，即便不借助印刷手段，直接采用手绘、书法的办法来创作，也完全没有问题。用购买的纸张或者现成的废弃纸进行创意设计制作，把作品直接粘贴在墙面上，就像贴春联一样，也可以完成一场公共空间的艺术展览，展览本来就在我们身边。

参考资料：

[1] 张顺义 . 中华茶道 [M]. 北京：线装书局，2016.

[2] 艺美生活 . 寻茶记：中国茶叶地理 [M]. 北京：中国轻工业出版社，2018.

[3] 时尚生活工作室 . 茶道全书 [M]. 青岛：青岛出版社，2020.

[4] 蓝戈 . 茶道：从喝茶到懂茶 [M]. 长春：吉林美术出版社，2020.

[5] 叶羽晴川 . 茶艺 [M]. 北京：中国轻工业出版社，2005.

[6] 陆羽 . 图解茶经 [M]. 北京：北京联合出版公司，2014.

[7] 李俊杰 . 中国茶品鉴图典 [M]. 兰州：甘肃科学技术出版社，2018.

7 笔墨小展

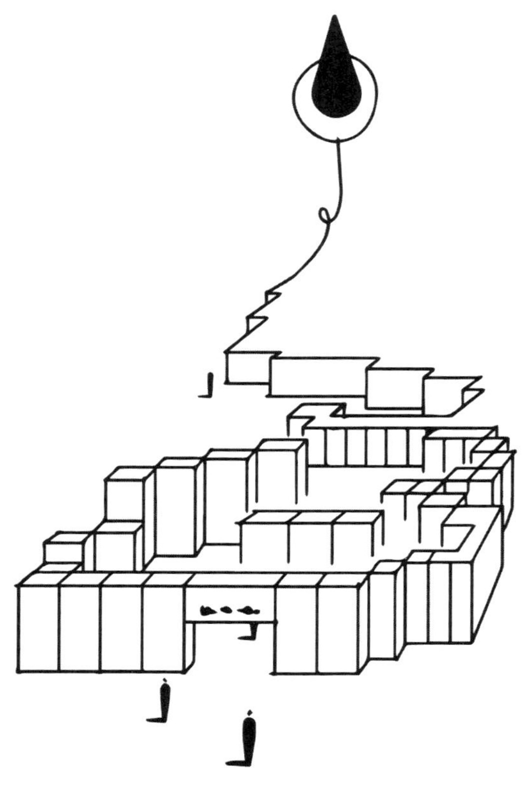

一个馆，就是一座城

7.1 笔墨值得

随着时代的发展与进步，有一些传统的东西正在离我们而去。如书写工具，在信息化时代，我们越来越倾向于使用电脑、手机等终端，毛笔及其配套用品伴随着应用场景的逐步缩小，日益小众化。

但我们不能忽略它伴随中华文明走过的时光，并且不能否认在未来的某个时刻，它可能会再度爆发出强大的能量，所以我们需要时刻提醒大众，它还在，它很好，它值得。因此，本案例选择“笔、墨”为题进行展览的创作。

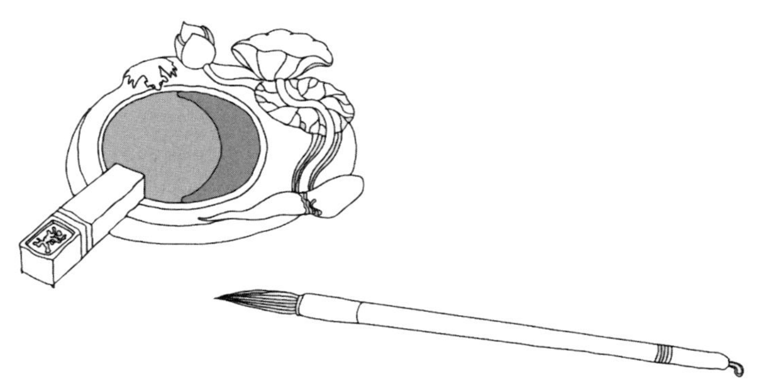

7.2 碎片空间

这次，我们把空间的规模放大一点儿，不再局限于一个小小的茶室、书房。假设这个展览将发生在一些公共空间，如社区、学校、街道，这类空间的主要特点是比较零散且不规整，所以，我们不能用传统策展的那种整块面的方法创作，而是要尽可能地化整为零，或者使用模块化的方式，让空间可以灵活地组合和变化。

接下来，我将借助“笔墨小展”案例，说明模块化的展示手段呈现出的各种可能性。

7.3 笔墨叙事

求知的过程是不能略过的，我同样参考了许多图书和论文，创作了展览大纲。

A. 笔墨简史

1. 笔史

1) 彩陶画具

约七千多年前，先人在彩陶上用丝麻或兽毛等纤维材料蘸取颜料后绘画，这是最早的毛笔的样子。

2) 殷墟笔迹

在殷墟甲骨文上，发现了边缘光滑清晰、棱角分明的线条，学界推测彼时的毛笔技艺已经得到进一步的发展。

3) 秦汉定型

考古发掘出土的战国时期的毛笔展现了置入式及纳入式毛笔的连接固定工艺，这可以证明该时期毛笔基本成形，并最终在秦汉时期定型。

4) 隋唐制笔

隋唐制笔的选材已趋于高端，老鼠须、斑竹、象牙等材料已屡见不鲜。

5) 江南湖笔

宋元以降，江南一带成为当时毛笔的主要制作区域，出现了著名的“湖笔”，一直到晚清时期，此区域一直是我国的制笔中心。

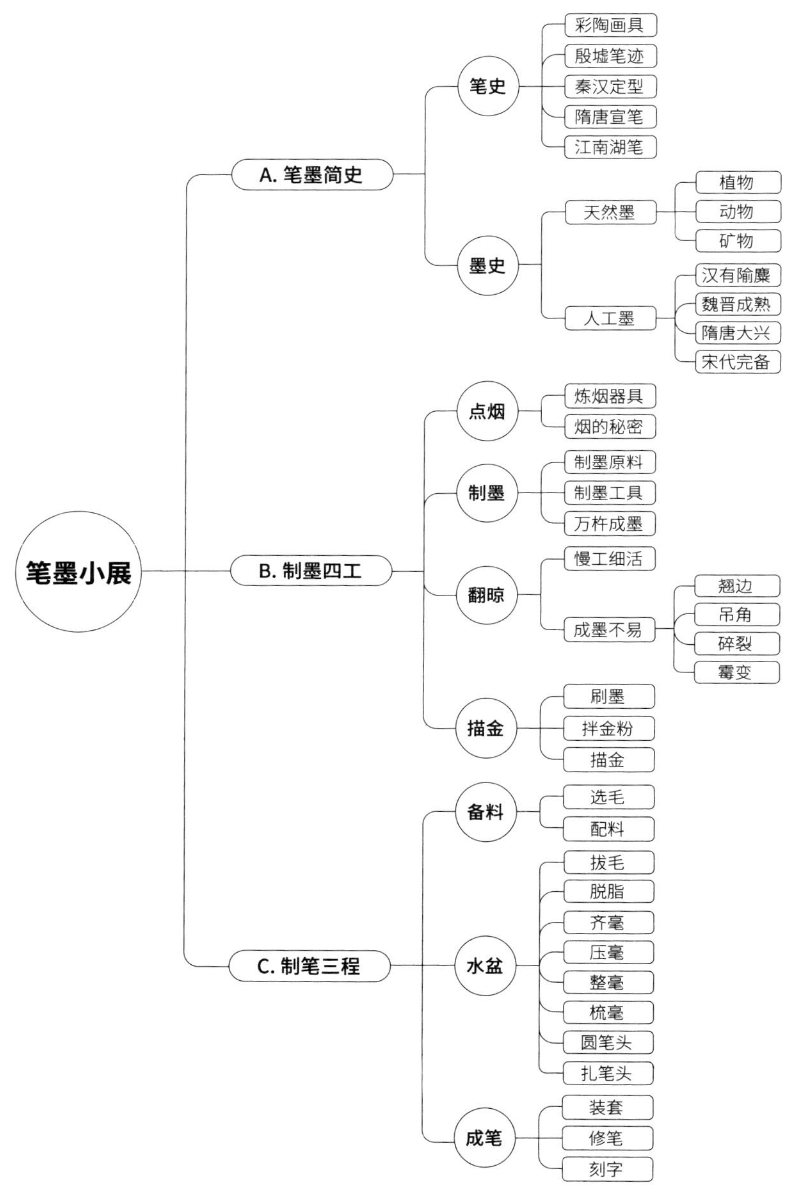
笔墨小展
A. 笔墨简史
笔史
彩陶画具
殷墟笔迹
秦汉定型
隋唐宣笔
江南湖笔
墨史
天然墨
植物
动物
矿物
人工墨
汉有隃麋
魏晋成熟
隋唐大兴
宋代完备
B. 制墨四工
点烟
炼烟器具
烟的秘密
制墨
制墨原料
制墨工具
万杵成墨
翻晾
慢工细活
成墨不易
翘边
吊角
碎裂
霉变
描金
刷墨
拌金粉
描金
C. 制笔三程
备料
选毛
配料
水盆
拔毛
脱脂
齐毫
压毫
整毫
梳毫
圆笔头
扎笔头
成笔
装套
修笔
刻字

“笔墨小展”策展大纲

2. 墨史

1) 天然墨

古人最早发现和使用的是天然墨，有矿物石墨、植物墨和动物墨等，对矿物墨的使用可以追溯到新石器时代。

2) 人工墨

不迟于战国末期，人工制墨开始兴起，至两汉不断发展。魏晋南北朝是人工制墨技术发展与成熟的时期。隋唐五代，是制墨业的兴盛时期，制墨区域向全国范围拓展，制墨业的重心在晚唐五代时由北方转移到南方地区，安徽歙州成为制墨中心。至宋代，中国墨文化体系得以完备并延续至今。

B. 制墨四工

1. 点烟

点烟，又称炼烟，是制墨的首道工序。这道工序通过燃烧松烟或动植物油来提取制墨的色素原料——烟灰。在《墨经》《墨海》《文房四谱》等古籍中，记录了多种炼烟方法。

1) 炼烟器具

灯碗：灯碗反扣在灯盏之上，灯火熏黑灯碗后，留下的就是制墨所需的油烟。

灯盏：炼烟时，每隔一定距离，就要放上一只灯盏，盏内盛着桐油。

灯芯：灯草芯用来引燃桐油，每束三五根不等。灯草数量少，收到的烟就较细。

扫烟帚：每隔数十分钟，就要用扫烟帚扫一次聚集于盖碗内的烟料。

2) 烟的秘密

是什么决定了墨的好坏？如果用显微镜观察墨锭，就可以发现，被制成墨锭的烟灰是由无数碳粒组成的。碳粒越细、细碳粒的数量越多，墨色就越细腻，呈现的质感就越好。因此，在点烟的时候，要注意调整灯草芯、火焰等，以便收集到更细腻的烟灰。

2. 制墨

1) 制墨原料

色素原料：色素原料决定了墨的颜色，黑色色素原料主要是动、植物油燃烧后产生的烟粉，彩色色素原料主要是可作颜料的矿物质，包括朱砂、雄精、赭石、石黄、石青、石绿、蛤粉等。

连接原料：指用动物的皮、骨熬成的动物胶，是制墨的黏合材料，能起到凝固和增加光泽的作用，如牛皮胶。胶是决定墨质的重要因素。

添加原料：制墨中的配料，往往是名贵中药材。在墨中加入药材或香料，如麝香、龙脑、珍珠、猪胆、熊胆、梅片、紫草、丹参等，可以增色、添香、坚墨、发彩、防腐。

2) 制墨工具

墨模：墨模千变万化，赋予了墨锭丰富的图案装饰。将墨坯搓成适当的条块，压入模内，施以压力，墨模上的装饰图案就印在了墨锭上。

辅助工具：制墨的工序中要用到多种多样的工具，如火板、衡器、墨墩、铁锤、铲刀等，配合师傅高超的技艺，才能打造出高质量的墨锭。

3) 万杵成墨

制墨是整个制作工艺中最重要的环节，要用到锤、搓、汰、收等各种技艺。制作墨锭的每一步都需要卓越的技术、体力和耐心。制墨有“轻胶三万杵”

之说，每一块墨锭背后，都是制墨师傅苦心的敲打和艰辛的付出。

它的具体工艺包括：

· 添药：在制墨前，先在原料中加入珍贵的辅料，与墨料一起锤打拌和。

· 锤坯：制墨师一手持锤，一手翻揉墨坯，进行锤打，锤打次数越多，墨坯越细腻。

· 烘坯：将墨坯略蒸，使之接近人体温度，以免墨坯因温度过高或过低而损坏。

· 搓汰：锤敲后，再进行搓汰，精工细作，使各种原料能够分布均匀。

· 入模：搓汰好的墨果搓成条状，即可放入墨模，应注意放在模印当中。

· 压模：为了让图文完美地印在墨果上，需要把墨模放在压膜机正中，适当地施压。

· 拆模：一段时间后，要进行拆模，从墨模中取下墨锭。此操作要求手势轻巧、小心谨慎。

· 剪边：细心剪去墨锭上的锋边、棱角、合缝线条，且不能损坏墨锭本身。

3. 翻晾

从墨模中取出的墨锭湿气极重，容易断裂，因此需要将墨锭排列在晾墨板上，自然阴干。翻晾工序中需要师傅掌握天气的微小变化，翻面时要小心翼翼、轻拿轻放。晾干需要的时间可长达数月，甚至数年，可谓“慢工出细活”。

如果“心急”，很可能出现翘边、吊角、碎裂、霉变等问题，那就前功尽弃了。

4. 描金

描金是用金银粉和其他色料对墨锭上的文字和图案进行填描。用到的工具有毛笔、陶碟、陶碗、棕刷、搁板等。描金时要掌握气候和墨锭的干湿程度，以防之后落金。

· 刷墨：在上色前，将墨锭上的霉点、灰尘刷清。

· 拌金粉：把金箔研磨成金粉后，在瓷碗中逐渐增加胶水，将金粉搅拌到没有浮金后，用清水澄清。

· 描金：用金银粉和色料对墨锭上的文字、图案进行勾描，使墨锭更显秀丽雅致。

C. 制笔三程

要做出一支质量上乘的毛笔，需要做到选料优良和做工精致。选料优良，就要对各种毛类特点有细致的研究和分析；做工精致，就要对不同性能的笔头用料进行科学的配比。制笔工序可以大致分为备料、水盆、成笔三个阶段，每道工序都要一丝不苟。

1. 备料

1) 选毛

需要对各种毛类的特质有深入了解，常用的原料有羊毛、黄鼠狼毛、紫色兔毛等。

用显微镜观察笔毛，会发现动物毛发上有着凹凸不平的结节，形状就像鱼鳞。而且，毛杆的中部是空心的。这里藏着它们适合做成毛笔的秘密——“鱼鳞”能够帮助笔毛吸附墨汁，中空部位则能储存墨汁。

2) 配料

通过合理配比几种不同性能的毛，让它们互相作用，以达到最好的书写效果。

2. 水盆

水盆工艺是制作笔头的核心工艺，因为涉及的工序几乎都在水盆里进行，因此被称为水盆工艺。

1) 拔毛

将兽毛从兽皮上剥离，要做到不沾皮、不伤根、不散、不乱，并做好分质、分档。

2) 脱脂

对毛进行脱脂处理，去除油脂，这样在使用时毛笔才能有效吸附墨汁。

3) 齐毫

重新整理兽毛，从长到短进行排列，使它们的锋部对齐。

4) 压毫

将齐毫后的毫片，根据不同的长短要求切齐，把多余的根部切除。

5) 整毫

将无锋的秃毛、弯毛、杂毛等剔除，以免影响后续的书写。

6) 梳毫

将长短不一的毫片混合拌匀，反复梳理、折叠，使其妥帖、柔和。

7) 圆笔头

将梳拌好的毫片做成一个个笔头，先圆笔芯，再盖披毫，最后用胶水粘上。

8) 扎笔头

把初步成型并晾干的笔头底部敲平，用丝线在根部扎紧、扎实。

3. 成笔

1) 装套

将制好的笔头安装到笔杆上，并配上笔套。

2) 修笔

将笔头与笔套配置好的笔管进行黏结，并对笔头做最后一次修整。

3) 刻字

用刀在笔管上刻字，一般会刻上笔名、牌号，也可以根据要求定制。

7.4 模块化展示方案

在为一些教育机构或者一些事业单位策展时，可能不得不面对一种尴尬的状况：费用不多，但是要呈现出很好的效果，并且这个展览很可能需要经常移动，或者重复使用。

那么，有没有办法能够以极低的成本完成一场展览的搭建，甚至以比较容易的手工方式，完成对有限材料的使用？

基于这样的想法，我认为展示模块应该满足以下要求：

第一，它的材料比较容易获得。

第二，价格非常低廉。

第三，无毒环保。

第四，容易加工。

第五，结构尽量简单，即便是小学生，也能一眼就看懂。

第六，可以快速拆装，并且可以附加其他结构与功能。

很明显，这样的材料直接指向了木材；它的结构指向了长方体、立方体或其他立体结构。

在此基础上，我绘制了这个模块的设计图。

使用方法：将木棍结构进行简单的插接和固定，即可形成一个展示模块的框架，在框架内放上一个小小的展台（也可以不放），即可变成一个展示空间。在框架上悬挂展板即可变成标题或说明牌。将结构的某一个面加上孔

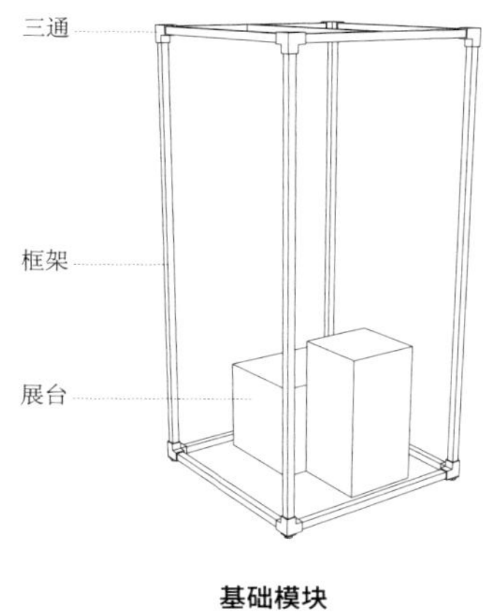

基础模块

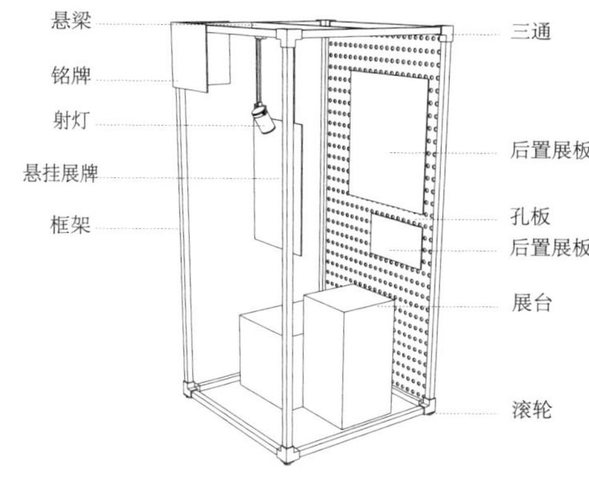

升级模块

洞背板，就可以变成展示架，放置各种各样的展品。需要展示的内容直接打印或手写在一张纸上，粘贴、悬挂或者夹在一个亚克力的保护板中，即可成为一个不错的展示牌。如果可以插电，还能在顶端悬挂一个投射灯，这样模块将在黑暗中更有识别度，并且更具美感。

除了正方形的衔接方式，还可以把它搭建成折叠造型、三角体、立方体或其他结构。各种各样的立体结构相互组合，又可以变成一个个新的展示组团，只须根据预算准备不同数量的展示组团，即可用来展示你的故事。在这种搭建方式下，一个模块的展示成本可以低至几十元，如果采用手工绑定、就地取材等方式，模块甚至可以免费制作出来，这对偏远地区的学校或者乡村来说颇有意义。我们来看一看它的几种不同组合方式。

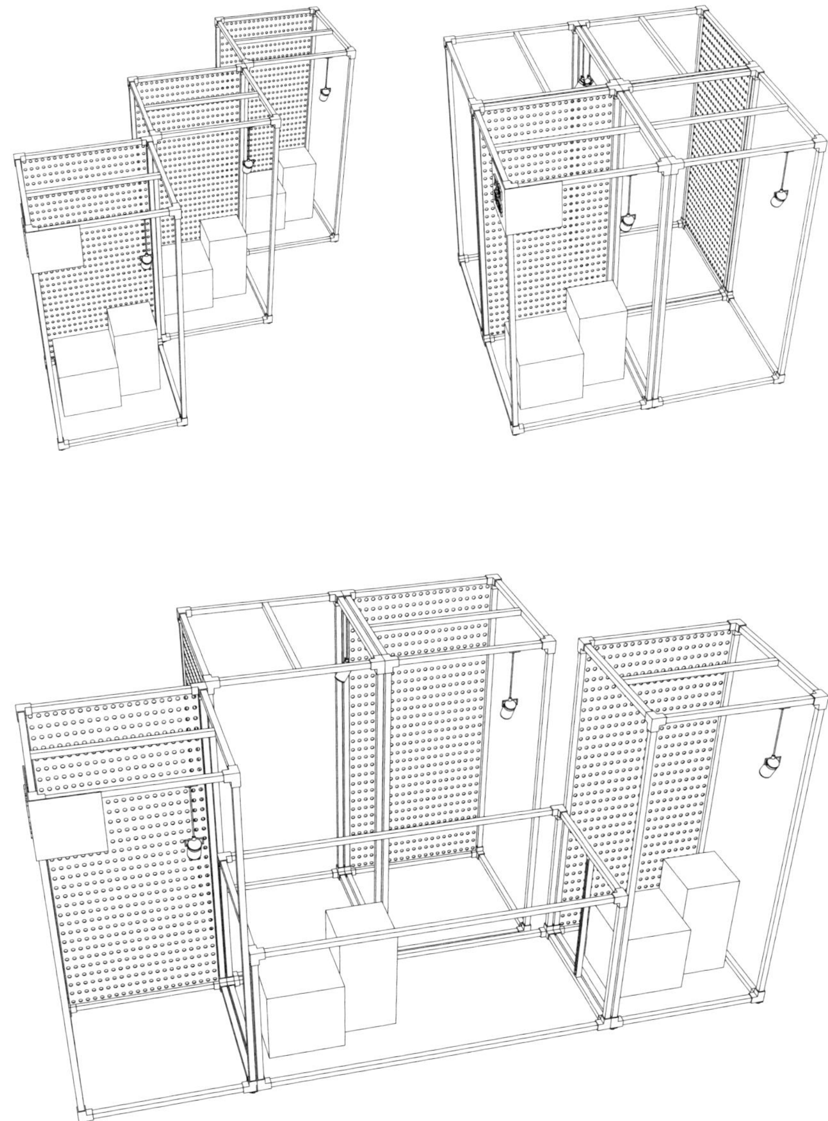

群组模式

7.5 物理互动展示

不知道大家有没有发现一个规律？我们总是倾向于把一个物体由静态转变为动态，由平面转变为立体，由模糊转变为精细。一个静态的展示模块，如果能够具备一些动态的效果，就会更加吸引人。因此，在传统展示手段中，物理互动方案被大量运用，比如，在很多科技馆，一个简单的物理互动装置就可以让孩子们玩得不亦乐乎。

最常见的物理互动方式有以下几种，我们可以将其应用在“笔墨小展”的创作中。

抽拉：几个展板是相互叠加的，通过抽拉的方式逐一观看。它的好处是非常节省空间，并且几个未知展板会给观者带来一些期待。

开合：打开一个小窗口，里面有另外一个画面，窗口内外的画面可以有一定的联系，这样的惊喜感像不像拆盲盒？

抽拉式互动

翻转：把展板的两面都写上内容，翻转这个平面就可以看到正反两面的内容，信息量也随之翻倍。也可以把平面展板变成三面体或多面体，通过简单的翻转就可以看到三组或多组不同的内容。

滚轮：如果把平面扭曲成一个圆柱体，通过滚动的方式可以看到不同的画面，几组不同的滚轮放在一起，又可以组合成一个更大的画面。想想看，如果把 1 000 个滚轮放在一起，是不是就相当于拥有了一块 1 000 个像素点的物理屏幕呢？

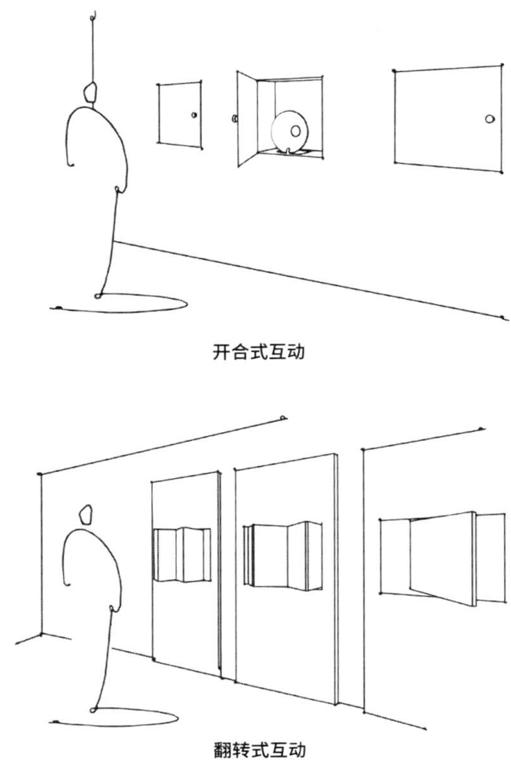

开合式互动

翻转式互动

转盘：如果展板沿着平面转动的话，就可以得到一个不错的互动转盘。

还可以再复杂一点儿：通过齿轮或连杆来驱动，加上电机，让它自动旋转，再加一个开关，便拥有了一个可以一键观赏的装置。这部分的互动就留给更爱探索的你吧。

如果不是特别擅长 DIY 怎么办呢？没有关系。科技馆里常见的一些互动展项现在已经变成了商品，可以直接购买。

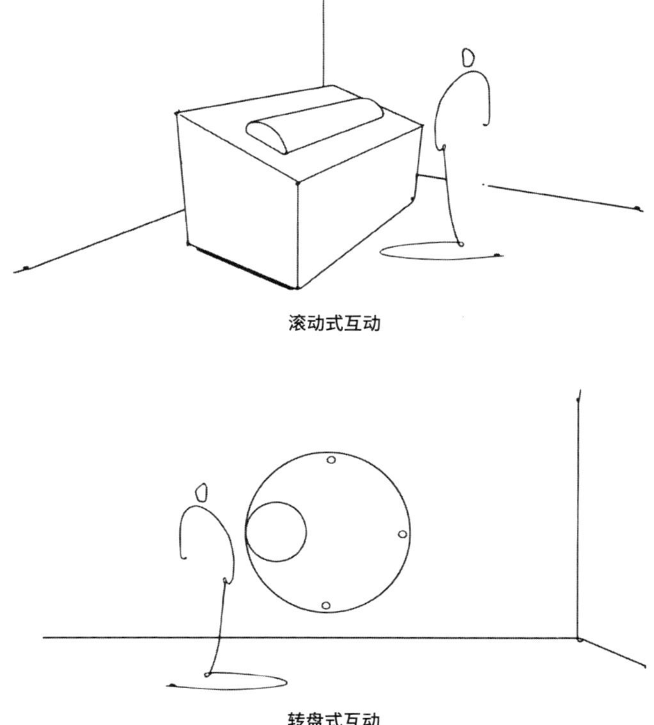

滚动式互动

转盘式互动

相对于普通的图文展板，物理互动装置唯一需要担心的问题是：它够不够结实？频繁地互动，它可能会容易磨损，并造成机械结构的损坏，因此，这类物理装置要尽量采用比较结实的材料来制作。

参考资料：

[1] 赵权利 . 笔史述略 [J]. 书画艺术，2005.

[2] 刘超 . 材料人文之毛笔材料的演变 [J]. 新材料产业，2017.

[3] 刘超 . 材料人文之墨的发展 [J]. 新材料产业，2017.

[4] 林仕亨 . 海派理念，制笔精要——海派笔墨闲谈逸赏（四）[J]. 书与画，2018.

[5] 姚丹，刘婧怡 . 湖笔品牌的知识生成与价值构建 [J]. 中国艺术时空，2017.

[6] 王璇，王洁 . 老字号品牌的老化与激活——以徽墨曹素功墨锭为例 [J]. 商场现代化，2018.

[7] 林仕亨 . 系列名笔，以客为本——海派笔墨闲谈逸赏（五）[J]. 书与画，2018.

[8] 孙涤 . 元霜万杵文蟠螭——古代墨锭的形制与装饰 [J]. 艺术设计研究，2017.

[9] 王熙林 . 毛笔的起源与发展 [J]. 文物鉴定与鉴赏，2020.

8 飞梦奇航

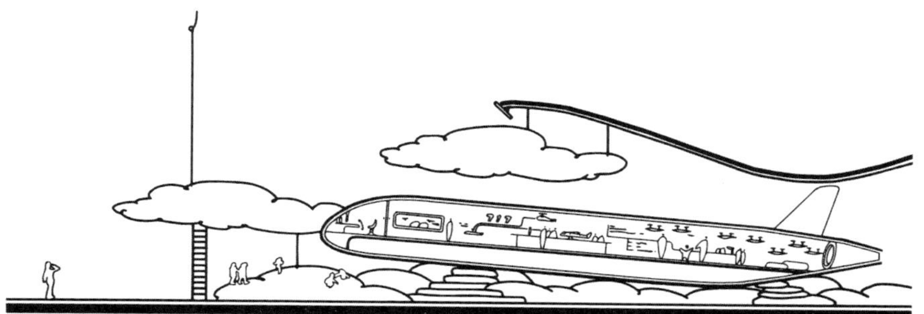

8.1 更大的模块

现在，我们继续把展示的空间范围扩大，面积设定在 100 ～ 200 平方米，那么选择什么样的主题更合适呢？我对这类空间的选题有如下思路：

① 内容与主题具有比较高的关注度与延续性；

② 内容是完整的，故事线是完善的；

③ 有足够的互动体验性；

④ 可以整体打包成一个大型的空间装置并进入常见的社区或商业空间。

根据这个设想，我选择了航空主题，并以“飞梦奇航”作为它的展示主题，原因有四个：

① 主题内涵足够丰富；

② 主题话题性比较高；

③ 主题是可持续的，我国每一次在航空航天方面的进步都会掀起一次热潮；

④ 受众面比较广，适合亲子及家庭参与，并与教育息息相关。

8.2 一架飞机

这个空间可以有固定的面积，且整个展览可以形成一个模块，并可移动到比较合适的商业空间、公共空间或者文旅空间安置。

因此，能否直接以一架飞机作为它的展示空间呢？最终，我选择了以 1 ：1 还原的方式制作一个商业飞机模型空间作为它的展示载体，除了不能真的飞行，我们尽量复刻它的空间结构。

8.3 向着天空飞呀

先来看看展览大纲。

A. 飞行的梦想

1. 想要一双翅膀

像鸟一样飞翔，是人类自古以来的梦想。为什么鸟儿能飞？人类能不能装上鸟的翅膀，遨游长空？怀抱着这样的想法，人类开始了对飞行的最初尝试。

1) 鸟为什么能飞？

鸟的翅膀符合空气动力学原理，是它的主要飞行器官。鸟的骨骼是轻质的，许多骨骼内部是空心的，最大限度地减轻了体重，还提高了呼吸效率。鸟的骨骼既轻盈又坚固，并且形成了交错纵横的加固系统。鸟还拥有强健的肌肉，便于带动肢体运动，同时增加了稳定性和灵活性。

此外，鸟往往拥有数个与肺部相连的柔性气囊，不断为肺部带来新鲜空气，在呼气和换气时都可以进行气体交换，这被称为双重呼吸。

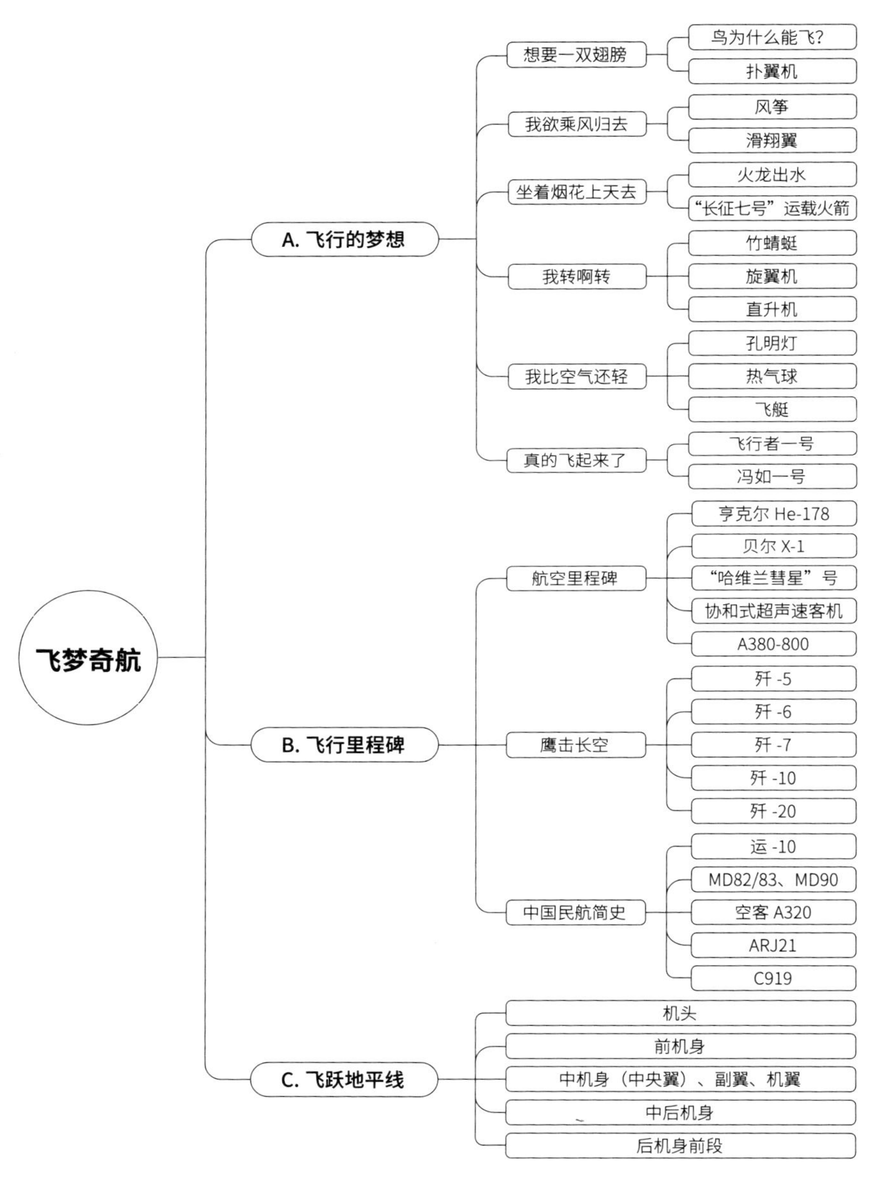
飞梦奇航
A. 飞行的梦想
想要一双翅膀
鸟为什么能飞?
扑翼机
我欲乘风归去
风筝
滑翔翼
坐着烟花上天去
火龙出水
“长征七号”运载火箭
我转啊转
竹蜻蜓
旋翼机
直升机
我比空气还轻
孔明灯
热气球
飞艇
真的飞起来了
飞行者一号
冯如一号
B. 飞行里程碑
航空里程碑
亨克尔 He-178
贝尔 X-1
“哈维兰彗星”号
协和式超声速客机
A380-800
鹰击长空
歼 -5
歼 -6
歼 -7
歼 -10
歼 -20
中国民航简史
运 -10
MD82/83、MD90
空客 A320
ARJ21
C919
C. 飞跃地平线
机头
前机身
中机身（中央翼）、副翼、机翼
中后机身
后机身前段

“飞梦奇航”展览大纲

2) 扑翼机

扑翼机是指机翼能像鸟和昆虫翅膀那样上下扑动的重于空气的航空器，又称振翼机。

达·芬奇在完成对鸟的细致研究后，于1487年画出了扑翼机的设计草图。扑翼机的翅膀由几根弯曲的金属杆连接，并配有轮子和连杆，骨架可以产生不同的弯度，从而更好地模仿鸟飞行时翅膀的动作。虽然达·芬奇的扑翼机最终没能成功，但他留下的科学观察与创想十分珍贵。

2. 我欲乘风归去

人们逐渐发现，如果有办法利用风，翱翔天际就不再是空想。从用线牵引的风筝，到可以将人类带上天空的滑翔翼，人们乘风飞翔，体验着飞行的喜悦。

1) 风筝

风筝，古时称为“鹞”或“鸢”。风筝起源于中国，而后广传于全世界，是一种传统的民间工艺品。

2) 滑翔翼

滑翔翼起源于1984年，又称滑翔翊、悬挂滑翔机和三角翼，分有动力和无动力两种。

3. 坐着烟花上天去

火药不仅被用于制作绚烂的烟花，也是古代武器的动力来源。现代化进程开始后，煤油、液态氢、液态氧等燃料为火箭提供了强大的动力，人类借助它们，探索了更高、更远的世界。

1) 火龙出水

“火龙出水”是二级火箭的始祖，可用于水陆，是中国人16世纪发明的。

2) “长征七号”运载火箭

“长征七号”是中型运载火箭，采用“两级半”构型。

4. 我转啊转

用叶片的旋转带来风和升力——人们从简单的竹蜻蜓里发现了这个原理，结构轻巧的旋翼机、功能强大的直升机等先进的飞行器，都发端于我们小时候那只从手中飞出的竹蜻蜓。

1) 竹蜻蜓

竹蜻蜓是中国民间一种传统玩具，通过双手搓动竹柄带动翅膀旋转，进而产生压力差使竹蜻蜓飞上天空。

2) 直升机

直升机的飞行原理与竹蜻蜓一样，只是利用了现代的材料和加工技术，并通过动力方式驱动。

5. 我比空气还轻

不管是承载着美好祝福的孔明灯，还是带着人们离开地面的热气球，都运用了一个简单的道理——密度轻的物质飘浮于密度大的物质之上。飞艇更是直接利用比空气轻的气体，飘浮于云层之上。

1) 孔明灯

孔明灯与热气球相似，都是利用热空气轻于冷空气的原理，当孔明灯自身重力小于空气浮力时，灯便会飘至空中。

2) 热气球

热气球就像放大版的孔明灯，但是发明者在材料与加热设备上做了改变，使其更易于操控。

3) 飞艇

飞艇的气囊中充入的是轻于空气的气体，常用的是氢气或氦气。

6. 真的飞起来了

20 世纪，当代飞机的雏形“飞行者一号”开发成功。紧随其后，中国人自行设计、研制、生产的第一架飞机“冯如一号”也试飞成功。人类的航空梦想从此触手可及。

1) 飞行者一号

1903 年 12 月 17 日，莱特兄弟的“飞行者一号”试飞成功，成为人类历史上第一架载人、自有动力、可控操作的双翼飞行器，开启了航空新纪元。

2) 冯如一号

冯如被誉为“中国航空之父”。1909 年 9 月 21 日，冯如驾驶自制的“冯如一号”飞机在美国加州奥克兰首飞成功，完成了属于中国人的首次载人动力飞行。

B. 飞行里程碑

“飞行者一号”的试飞成功开启了航空新纪元，20 世纪与 21 世纪见证了人类一个又一个新突破，中国也迈出了探索航空科技的第一步。下面，让我们回顾这些飞行里程碑，与勇敢的探索者和发明家一起遨游天际。

1. 航空里程碑

1) 亨克尔 He-178

亨克尔 He-178 是世界上第一架使用涡轮喷气发动机飞行的飞机，也是第一架实用的喷气式飞机。

2) 贝尔 X-1

贝尔 X-1 是第一款有人驾驶的超声速飞机，由贝尔飞机公司、美国国家航空咨询委员会（NACA）和美国空军共同研制。

3) “哈维兰彗星”号

“哈维兰彗星”号是世界上第一架商用喷气式客机，能够在万米高空搭载着旅客平稳飞行，被认为是当时首屈一指的喷气式客机。

4) 协和式超声速客机

协和式超声速客机是一款由英法两国联合研制的超声速客机，于 1962 年研制，1975 年投入使用，它可以容纳 128 名乘客，往返于跨大西洋定期航线，并且用时不到其他客机的一半。

5) A380-800

A380-800 是空中客车公司研发的双层四发巨型客机。2005 年 4 月首飞，2006 年获得商业载客运营资格，首飞打破了客机起飞重量世界纪录，达到 575 吨。它能够容纳 853 名乘客，从头至尾均为双层客舱。

2. 鹰击长空

1) 歼 -5

中国生产的第一代喷气式战斗机。

2) 歼 -6

中国自主生产的第一代超声速战斗机。

3) 歼 -7

中国曾经的主力战斗机。

4) 歼 -10

中国自主研制的第三代战斗机。

5) 歼 -20

中国研制的首架第五代战斗机。

3. 中国民航简史

1) 运 -10

运 -10 的试飞成功是我国航空工业历史上的里程碑，运 -10 的研发为中国民用航空制造业打下了基础，也奠定了上海作为民用航空制造产业中心的地位。

2) MD82/83、MD90

MD82/83、MD90 标志着中国民用航空制造业干线飞机制造的能力初步得到国际航空界的认可。

3) 空客 A320

A320 系列飞机是空中客车首条在欧洲以外落户的飞机总装线，标志着我国民用航空制造技术再上新台阶。

4) ARJ21

ARJ21-700 飞机是目前国内唯一申请《运输类飞机适航标准》型号合格证并获得美国联邦航空局受理的运输类飞机。

5) C919

2017 年 5 月 5 日，C919 首飞成功，中国民航工业前进了一大步。

一个个技术突破让人类脱离地面，不再只是羡慕鸟的翅膀。如今，飞机已经成为现代社会司空见惯的一部分，而创新和科学精神依然在带来新的发明，让我们的飞行之旅更高、更远。

C. 飞跃地平线

1. 机头

1) 航电系统

航电系统是飞机的大脑与神经中枢，是飞机最核心、关键的系统之一。

2) 雷达罩

雷达罩是飞机的护目镜，使用复合材料制造，可以防雷击、静电及雨蚀。

3) 飞控系统

飞控系统是最复杂的机载系统之一，在保证飞机的稳定性和可操控性的同时，可以减轻飞机驾驶员的负担。

4) 环控系统

环控系统主要控制机舱内的温度、湿度、压力等与人体感受直接相关的环境要素。

5) RAT 舱门

RAT 舱门是商用飞机在飞行过程中唯一可以打开的舱门，当飞机出现紧急情况时，它的应急发电装置可以给飞机提供最后一道安全防线。

2. 前机身

1) 发动机

发动机是飞机的心脏，为飞机提供飞行动力，代表着一个国家的工业、科技实力。

2) 起落架

起落架是飞机的“脚”，除了平时用于支撑、移动飞机，还可以在危机关头成为“抗撞”利器。

3) 电源系统

电源系统由多个电源构成，以保障飞行过程中持续供应电力。

4) 整流罩

整流罩是飞机的空气动力学结构组件，可以降低飞行阻力。

3. 中机身（中央翼）、副翼、机翼

1) 吊挂

吊挂一般安装在机翼的下方，用来支撑发动机及其相关系统。

2) 应急舱门

当飞机迫降时，应急舱门可为机上人员提供逃生通道。

3) 扰流板

扰流板是飞机的空气动力学结构组件，可以通过调节升力与阻力，控制飞机的速度与飞行高度。

4) 副翼

副翼是飞机的“转向器”，通过向不同方向偏转并与方向舵配合，使飞机在空中自由转向。

5) 襟翼

襟翼分为前缘襟翼和后缘襟翼，平时隐藏于机翼中，需要时伸出，为飞机的起飞或降落提供更大的升力或阻力。

6) 燃油系统

燃油系统用于储存燃油，提供飞行燃料，并具有冷却及平衡飞机重心等功能。

7) 防冰系统

防冰系统是飞机在结冰气象条件下飞行时，防止部件表面上结冰的技术

设施。

8) 翼梢小翼

翼梢小翼近似垂直于机翼翼面，在飞行中可以降低扰流、削弱飞行阻力。

4. 中后机身

1) 照明系统

照明系统为客舱提供舒适的光环境，并为工作人员提供充足的照明。

2) 机上娱乐系统

机上娱乐系统主要用于满足乘客的娱乐需求，包括影视、音乐、游戏等功能。

3) 液压系统

液压系统以油液为工作介质，为飞机提供强大的操作驱动力。

4) 防火系统

防火系统是指防止飞机发生火灾所采用的全部装置，用来保障乘客及机组人员的生命和财产安全。

5. 后机身前段

1) 废水系统

废水系统是负责收集污水的系统，污水箱内收集的污水会按需在机场排放。

2) APU

APU 是辅助动力装置的简称，主要用于减少对地面供电设备的依赖。为了方便 APU 的装卸与维修，机上设有 APU 舱门。

3) 平尾

平尾是水平尾翼的简称，用于保持飞机在飞行中的稳定性，并控制飞机的飞行姿态。

4) 垂直尾翼

垂直尾翼同样用于保障飞机的水平飞行稳定性，一般使用复合材料制作，以保障其使用性能。

8.4 再造一架飞机

对于绝大多数人来说，制造一架飞机的模型是很困难的，其实大家完全不必像我们一样，只要按照飞机结构的大体布局来放置展板及产品即可，即便是最普通的图文展板也未尝不可。因此，接下来的布展过程仅作为大家的展示参考，在条件允许的情况下，可以再增加一些展示装备。

“飞梦奇航”展示空间室内效果图

8.5 屏幕展示

在电视机出现之前，博物馆就已经存在，那个时候的展览采用的基本上都是图文、物理互动及光影等展示手段。直到人类进入电子显示时代，显示技术才在展馆中普遍使用，我们才能在博物馆中看到各种屏幕及屏幕中的动态画面。

最近几十年，屏幕的价格越来越亲民，所以，利用屏幕进行展示已经成为展览的常规手段，甚至出现了完全以屏幕作为展示手段的展览，如多媒体艺术展。它的优点非常明显：内容可以随时替换，可以展示动态的效果。

在“飞梦奇航”这个案例中，当然也可以使用屏幕作为展示手段。但这个展览不同于专业展览，我们应该怎样选择屏幕，并将其融入展览中呢？

（1）屏幕的类型

屏幕的类型有很多，如 LCD 屏、OLED 屏、拼接屏、柔性屏、曲面屏、冰屏……对普通人来说，要区分它们有一定的难度。但对大多数人来说，真正关注的是屏幕能不能更真实、更清晰地展示画面，它能基本满足普通人的观看需求即可。所以，我们完全可以用普通的电视机来完成展览。当然，专业显示器的寿命更长，显示效果更好，更容易操控，但它比普通的家用电视机价格高很多，如果只是一个临时展览的话，完全没有必要（也可以选择租赁）。

正常情况下，利用同样的预算，选择尺寸适合、分辨率最高、接口较多、亮度和对比度高一些的显示器更好。如果选择的图像对色域、色准和色深有比较高的要求，可以着重关注一下这方面的参数。如果不好判断的话，可以直接将你创作的电子文稿在家里的电视或体验店播放，现场感受一下再选择。只要肉眼感觉差不多，基本没什么问题。

关于屏幕的使用寿命，专业屏幕可以在二十四小时不关机的情况下使用数年甚至十数年，而普通的家用电视机在家庭场景中往往可以使用十年以上，因此，家用电视机完全可以在几天或者一两个月的展览中使用。实际上，很多小型的商业展览使用的就是普通的家用电视机。

（2）屏幕摆放的方式

最简单的办法是直接选择一个支架，把电视机组装好，作为一个单独的展项。如果想提升效果，可以选择有点设计感的支架，如木质支架。记得把线路隐藏好。

另外，比较常见的办法还有把屏幕悬挂在空间里或镶嵌到展览墙体中。悬挂的办法和家里挂电视并没有什么不同，可以直接购买成品的电视挂架，顶部悬挂或者墙面安装即可（记得要预留好电线线路）。如果涉及镶嵌，就需要提前在展墙上留出足够的电视机空间、挂架空间及散热空间，然后进行包边处理，即可得到与墙面平齐的显示界面。这部分工作对动手能力弱的人来说会比较困难，可以寻求专业安装人员的帮助。

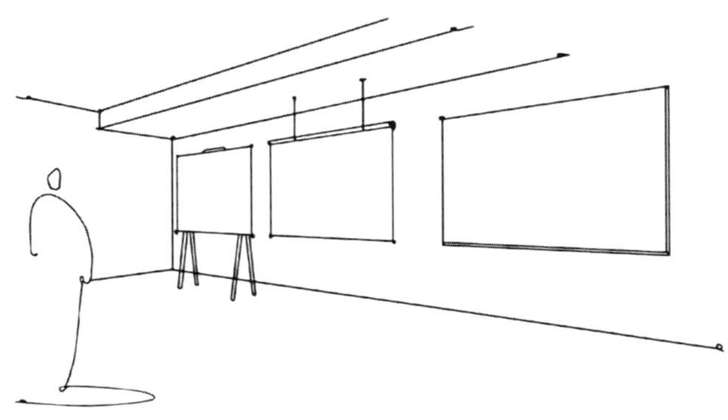

屏幕在展览中的基本应用

在普通的展览中，我们应尽量避免在曲面结构中使用屏幕，虽然可以选择曲面屏、柔性屏、拼接屏，但造价要高很多。

（3）播放内容的注意事项

如果用普通电视机，要提前进行一些设置，如取消屏保、设置循环播放等。还要提前了解显示器尺寸及分辨率，例如，显示器的常规尺寸是 16 ： 9，分辨率是 2K（1 980 像素 ×1 080 像素）或者 4K（3 960 像素 ×2 160 像素），我们可以按照这个尺寸和分辨率来制作与之匹配的图像，若影像尺寸太大可能会播放卡顿，甚至完全无法播放，而影像分辨率太低则不够清晰，会影响画面的质感。

现在大多采用的是智能电视，如果自带的播放器软件不能支持循环播放或者其他特定功能，可以安装其他播放器，或者购买一个专门的播放器。在正式展出前记得多测试几次，以保证设备设置不会出问题。

有没有办法实现一键全场启动、分屏控制等更加高科技的展示方法呢？技术上自然是没有问题的，但对设备有更高的要求，整体成本也会上升。如果特别想要智能化效果，可以找专门的展览公司定制。

关于屏幕的详细技术当然不止这些，在初步了解屏幕之后，如果想深究其背后的技术原理，可以参考一些专业书籍。

参考资料：

[1] 姜长英 . 中国航空史：史话 · 史料 · 史稿 [M]. 北京：清华大学出版社，2000.

[2] 韩启德，欧阳自远 . 十万个为什么：航空与航天（第六版）[M]. 上海：少年儿童出版社，2016.

[3] 雪冬 . 世界航空发展简史一瞥 [J]. 世界文化，2012.

[4] 户海印 . 中国民用航空制造业目标定位及发展路径研究 [D]. 北京交通大学，2015.

9 一方宇宙

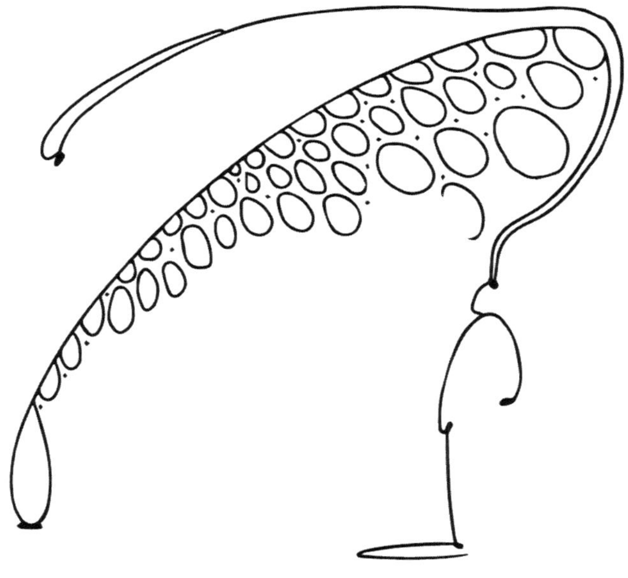

9.1 一种神奇的陶瓷

我对传统文化有所偏爱，并且是福建人，因此对建盏早有所闻，有段时间更是心血来潮，认真研究了建盏的文化。研究后，兴趣更胜，于是产生了打造一个建盏博物馆的想法。而且，作为一种实用器皿，它和生活的关系很紧密，完全可以采用从零策展的方式将它融入我们的生活。

当然，从更深层面来说，建盏反映了如今大多数非物质文化遗产的发展现状。绝大多数非物质文化遗产现在面临的困境，其实就是脱离了日常的生活场景，导致它与社会的连接面非常小，在其他产品的冲击之下，很快就会失去传播热度，逐渐退出历史舞台。所以，对于非物质文化遗产的保护与传承，我认为有两种方式：一是正本清源，二是融入现代生活。

正本清源是为了找到传统文化的根，减少各种各样的歪曲和误解，而融入生活是让传统文化恢复其应有的生活场景，不在现代生活中缺位，如此一来，它的整个产业链体系自然而然就会存续，传承也会自然发生。

9.2 就让它陪伴我吧

有两种方式可以让此类物品离我们的生活近一些。第一种是创造一些实用的家庭或办公展示空间，让它们为我们提供情绪价值。第二种是创作一些展览，如商业展览、公共空间展示等，在更大的空间里展示它们。

对于普通人来说，第一种方式应该更现实一些，而且更有趣，那我们就先详细分享第一种方式。

9.3 回到那个时代

建盏的故事堪称跌宕起伏。它曾经是皇家用品，也是那个时代的奢侈品，之后一度在国内销声匿迹，却在异国他乡流传，而后又在现代重现。

A. 窑变万彩：一万种可能

入窑一色，出窑万彩，世界上没有两片相同的树叶，也不会有两个相同的建盏。

在古代，温度控制技术比较薄弱，窑炉内的烧成温度和氛围变化复杂，建盏烧成会发生丰富的釉色变化，这在当时几乎是不可控的，奇特的釉面产量极少，且不可复制，因此成了当时的“潮玩”。

即便现在，对建盏烧成的精确控温也是相对困难的，烧成氛围的变化、原料的变化、温度的细微改变都使建盏的最终成品有极大的不确定性，哪怕以同样原料制作也是如此。而这正是它最大的魅力。

B. 天生建盏：偶然与必然

1. 因茶而生

1) 饮茶简史

我国的饮茶历史有数千年之久，茶也逐渐从食物进化为精神刚需，茶的饮用，经历了嚼茶、煮茶、煎茶、点茶、泡茶几个大的历史时期，而伴随着饮食习惯的改变，饮茶的器具也在不断发生变化。

2) 中华陶瓷文化

在我国的饮茶器具中，内涵最丰富、类型最齐全的当属陶瓷。从陶器到瓷器，随着控温技术的提高，陶瓷见证了中国古代工业的发展，也深度融入了中国人的日常生活，并形成了浓厚的陶瓷文化氛围。

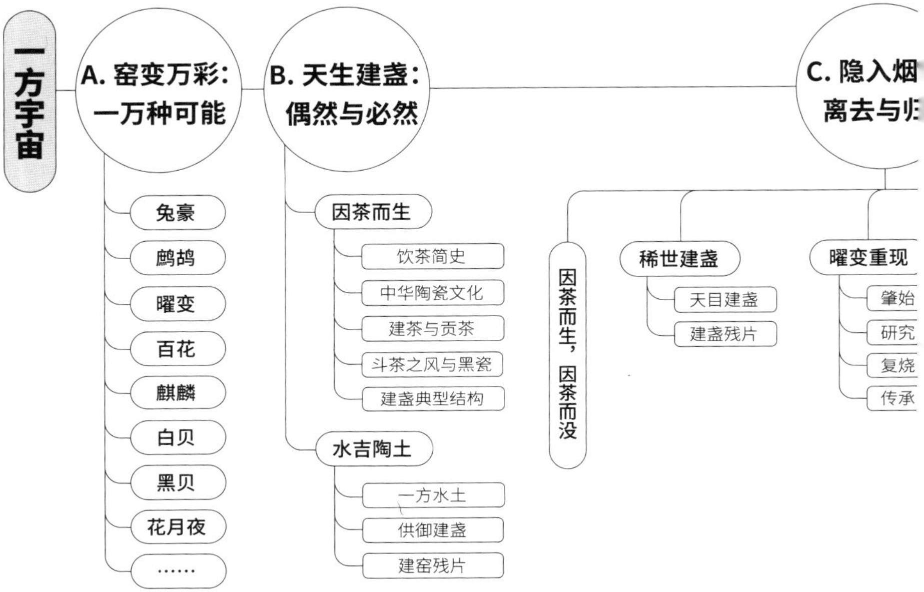

一方宇宙

A. 窑变万彩：一万种可能
- 兔豪
- 鹧鸪
- 曜变
- 百花
- 麒麟
- 白贝
- 黑贝
- 花月夜
- ……

B. 天生建盏：偶然与必然
- 因茶而生
  - 饮茶简史
  - 中华陶瓷文化
  - 建茶与贡茶
  - 斗茶之风与黑瓷
  - 建盏典型结构
- 水吉陶土
  - 一方水土
  - 供御建盏
  - 建窑残片

C. 隐入烟
离去与归
- 因茶而生，因茶而没
- 稀世建盏
  - 天目建盏
  - 建盏残片
- 曜变重现
  - 肇始
  - 研究
  - 复烧
  - 传承

“一方宇宙”展览大纲

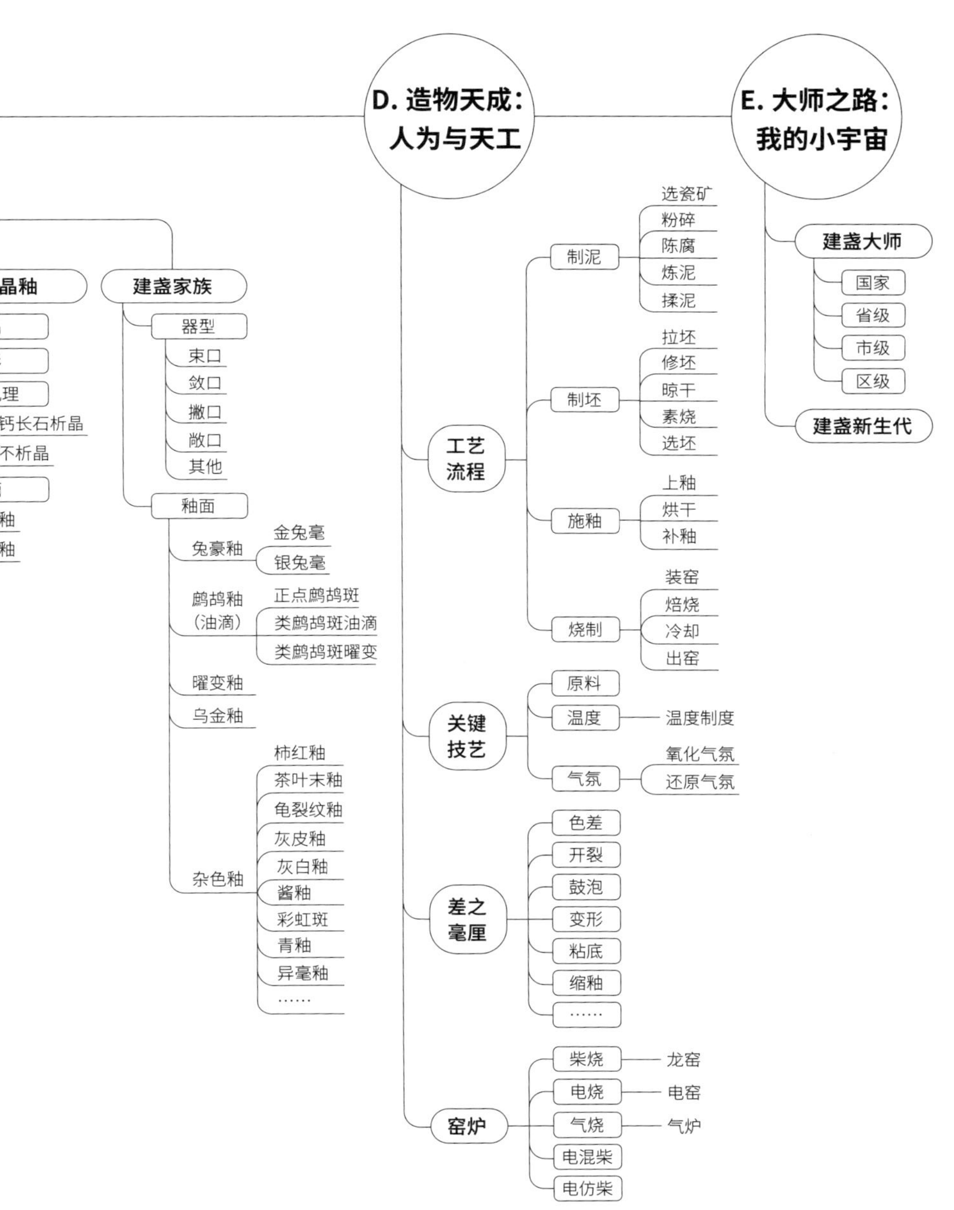

D. 造物天成：人为与天工
E. 大师之路：我的小宇宙
晶釉
理
钙长石析晶
不析晶
釉
釉
建盏家族
器型
束口
敛口
撇口
敞口
其他
釉面
兔豪釉
金兔毫
银兔毫
鹧鸪釉（油滴）
正点鹧鸪斑
类鹧鸪斑油滴
类鹧鸪斑曜变
曜变釉
乌金釉
杂色釉
柿红釉
茶叶末釉
龟裂纹釉
灰皮釉
灰白釉
酱釉
彩虹斑
青釉
异毫釉
……
工艺流程
制泥
选瓷矿
粉碎
陈腐
炼泥
揉泥
制坯
拉坯
修坯
晾干
素烧
选坯
施釉
上釉
烘干
补釉
烧制
装窑
焙烧
冷却
出窑
关键技艺
原料
温度
温度制度
气氛
氧化气氛
还原气氛
差之毫厘
色差
开裂
鼓泡
变形
粘底
缩釉
……
窑炉
柴烧
龙窑
电烧
电窑
气烧
气炉
电混柴
电仿柴
建盏大师
国家
省级
市级
区级
建盏新生代

3) 建茶与贡茶

闽（福建）地自古盛产茶叶，建茶长久以来作为贡茶，繁荣至今，并因此在福建等地孕育了浓厚的茶文化氛围，为福建当地陶瓷文化的发展提供了坚实的基础。

4) 斗茶之风与黑瓷

在宋代，我国的茶文化得到了极大发展，由于社会经济高度发达，斗茶之风流行全国，成为时人修养身心的重要活动。

所谓斗茶，指的是点茶之后的茶汤汤花及色泽的“竞赛”，以汤花均匀、色泽鲜白为上，黑白相衬更显茶叶之鲜白，因此在这一时期，黑瓷得到了极大发展，而建盏则是黑瓷中的极品。

5) 建盏典型结构

建盏之所以为最，基于以下几种特征。

建盏的胎体厚实，保温效果较好，在斗茶之时可以保证茶汤的温度和口感；高温烧制（1 300℃左右），胎体结实，敲之有金石之声，结实耐用；建盏是铁系结晶釉，会发生丰富多样的釉面变化，符合中国人对浑然天成和天人合一的审美情趣的追求，其他黑瓷很难达到这种效果，变化也没有这么丰富；最后是建盏产地有成规模的陶瓷体系，由于是贡品，必须保证稳定的精品产量，这就要求有相当规模的陶瓷工业体系，而由于茶叶文化兴盛，福建建阳地区拥有成熟的古代陶瓷工业体系，这也是其他地方无法与其比拟的重要原因。

2. 水吉陶土

1) 一方水土

成熟的陶瓷工业体系，必须有稳定的地方水土支撑。建阳当地以水吉镇为首的烧盏“圣地”，拥有丰富的含铁陶土资源。另外，建阳历代陶瓷文化兴盛，陶瓷产业规模较大，当地的陶瓷技艺传承有保障，其技艺及审美都得到了积累、提高。

2) 供御建盏

建阳建盏以道法自然、天人合一的美感，背后稳定的陶瓷工业体系，以及其稀缺性成为皇家御用之品，当时盏底部刻有“供御”二字的建盏，皆属此类。

3) 建窑残片

建盏的成品率极低，瑕疵品及残次品就地处理，各色碎片遗存在当地形成规模，因而在跨越数百年之后，我们依旧可以看到各种各样的建窑残片，这也成为现代人研究古代审美和工艺的良好载体。

C. 隐入烟尘：离去与归来

1. 因茶而生，因茶而没

建盏因时而生，因势而兴，也最终随着饮茶风俗的改变而逐渐退出历史舞台。

元代，团茶改为散茶，斗茶之风渐去，以冲泡为主流的散茶兴起，失去了国家经济和消费习惯的支撑，建盏逐渐没落，到后期直接断代，消散于历史的烟尘之中，仅余下少数建盏精品流失海外，成为传奇。

2. 稀世建盏

1) 天目建盏

流失海外的建盏精品之中，以日本的三枚曜变天目最为知名，分别藏于静嘉堂文库美术馆、藤田美术馆及大德寺龙光院。

2) 建盏残片

2009 年上半年，杭州市上城区遗址出土建盏残器，残佚约四分之一，但圈足保存完好，器型清楚，曜变斑纹如梦似幻，与流传日本的天目建盏合称为“三件半”。除了知名的“三件半”之外，各色精品建盏在世界各国的博物馆中亦有传留，皆为珍宝。

3. 曜变重现

1979 年，国内很多权威专家疾呼，并成立专家攻关小组，经历百次试烧，终于再现仿古兔毫盏，建盏再现人间。

4. 铁系结晶釉

铁系结晶釉是以铁元素为主要呈色剂的陶瓷釉料，建盏属于富铁系黑釉。建盏的釉料中富含 Fe_2O_3，在升温阶段，Fe_2O_3 逐步分解并释放出气体；气体在高黏度的釉层中形成气泡，气泡边缘有气液异相界面，可促进晶体的析出；气泡在高黏度的釉层表面形成泡痕影响釉面斑纹外观，并伴随晶体的流动与富集，形成不同的纹理，变幻出无穷的釉面结构，是为“入窑一色，出窑万彩”。在光照条件下，建盏的釉面会发生复杂的光折射与衍射，最终呈现出无数的色彩组合。

5. 建盏家族

1) 器型

现代建盏市场上有将军、佛肚、熊钵等建盏器型称呼，但在传统建盏器型中，常见的器型分为四种。

束口：口沿曲折，内缩成浅凹槽，内壁有圈凸，为注水线标准。

敛口：口沿微收缩，斜弧腹，矮圈足，造型丰满，小型器比例高。

撇口：口沿外撇，唇沿曲折，弧形壁，浅圈足，大型器比例高。

敞口：腹浅，腹下内收，碗壁斜直或微弧度，浅圈足，斗笠状，常见中、小型碗。

其他器型多为此四类器型的演变，并因市场营销的需求，产生了更多的名称。

2) 釉面

现代市场上对建盏釉面也有多种新称呼或昵称，但在传统意义上，建盏的釉面分类仅包括兔毫釉、鹧鸪釉、曜变（窑变）釉、乌金釉及杂色釉，其中，杂色釉又可细分为柿红釉、茶叶末釉、龟裂纹釉、灰皮釉、灰白釉、酱釉、彩虹斑（蛤蜊光）、青釉、异毫釉等。市场上的各类釉面名称，多是为了营销目的而出现的。

D. 造物天成：人为与天工

1. 工艺流程

从总体工艺流程上说，建盏的烧制可粗分为制泥—制坯—施釉—烧制四步，若细分，则要经过选瓷矿、粉碎、淘洗、配料、陈腐、炼泥、拉坯、修坯、上釉、装窑、焙烧、冷却等十几道工序，现代工艺流程基本相似，但根据窑炉和产品的不同，已细化出不同的工艺过程。

2. 关键技艺

1) 原料

原料是影响建盏烧成的基本要素，各种原料按照不同的比例搭配，所获得的建盏理化性能相差甚远。

2) 温度

温度是建盏烧成的关键性因素，在不同的升温曲线下，即便是相同的配方，也可能千变万化。

3) 气氛

一般分为氧化气氛和还原气氛，矿物质在不同的氛围下发生不同的化学变化，或为氧化反应，或为还原反应，生成不同的物质，影响结晶过程及建盏的色泽。在陶瓷烧制过程中，氛围的控制同样是关键。

3. 差之毫厘

在建盏的传统烧制过程中，大量的不可控因素导致成品率极低，一旦出现瑕疵，成品的价值将大大降低。而现代化的建盏烧制工艺，已使成品率大大提高。建盏常见的缺陷有色差、开裂、鼓泡、变形、粘底、缩釉等。

4. 窑炉

传统建盏采用的是柴窑烧制的方法。柴窑烧制温度变化区间较大，烧成氛围较难控制，成品率较低，花色的变化亦不丰富，但在追求古拙的人眼中，柴烧建盏拥有特殊的美感。现代化的窑炉多采用电窑或液化气窑烧制，由于可精确控温，成品的花色变化丰富，成品率亦大大提升。在理化性能上，柴烧与电烧没有本质差异，但因为不同的审美追求及产量，关于二者的争论较多。

E. 大师之路：我的小宇宙

1. 建盏大师

大量非物质文化遗产传承人为建盏的复兴与发展做出了重要贡献，因作品的广泛流传而被广大建盏爱好者熟知，如孙建兴、李达、蔡炳盛、黄美金、蔡炳龙、许家有、孙莉、熊中贵等。

2. 建盏新生代

现代工艺美学的加入使建盏绽放了新的生机，年轻的创新群体赋予了建盏新的未来。

9.4 在身边

建盏最大的特点是它的釉面，并且在绝大多数情况下，内部空间的结构也非常出彩。传统的展示道具很难用于展示建盏，因此，我打算重新设计。我希望将建盏竖起来，展示它的内部结构；希望有灯光将其照亮，可以呈现建盏更丰富的层次。

于是，我设计了几种盏架，这些盏架可以通过组合实现快速搭建和安装，并且结构足够简单，可以直接使用 3D 打印机来打印，大家可以在这些盏架的基础上自行开发。

配合盏架，便可以将陶瓷或者建盏摆放在我们中意的任何位置。产品的数量达到一定规模之后，可以考虑将它们统一放入博古架或者家用展柜中。

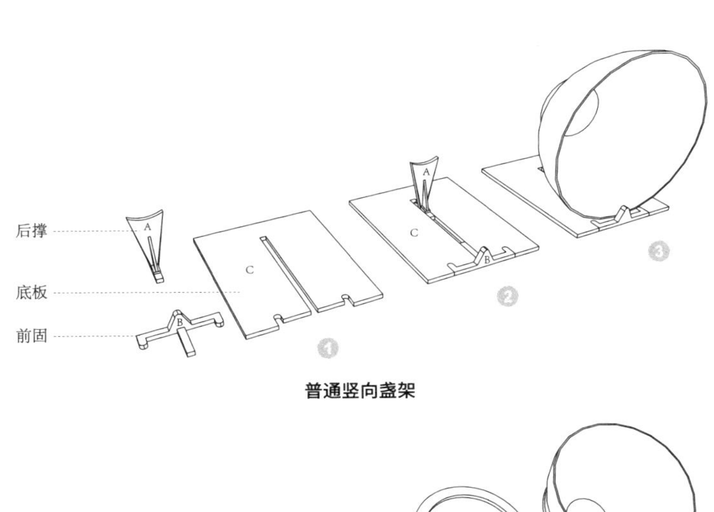

普通竖向盏架

普通斜向盏架

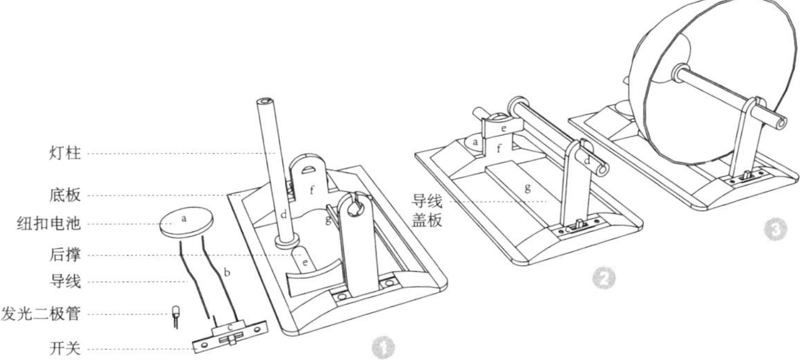

竖向照明盏架

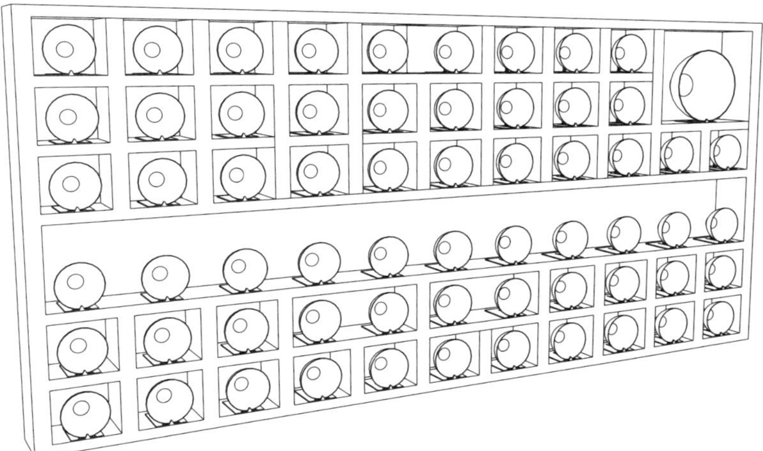

盏柜的结构示意

9.5 更大的建盏文化展

除了生活场景中的建盏展示，作为职业策展人，我会下意识地进行更大空间的想象，所以，本节内容可以供有深入需求的策展人在做商业空间美术馆或公共展示时参考。如果空间有限，也可以将它们拆开，变成一个个小组件或者模块进行展示。

根据前面的展览大纲文本，我们来看看更多的展示可能。

A. 窑变万彩：一万种可能

第一部分是我们看到建盏的第一空间，也将是第一印象："随着温度的升高，建盏的釉面逐渐发生变化，从朴素的淡红色胎色，慢慢变成油滴状纹理，然后变成鹧鸪斑，然后是兔毫……"我希望观众在入馆的一瞬间被击中，并发出"哇"的赞叹声。

在情绪设计中，这个部分是开场情绪营造的第一个高潮点，亦是让观众无法割舍的"钩子"。这个板块的视觉效果是第一要务，知识传送是其次，让观众直面这瑰丽的变化，知道有这样一种神奇的陶瓷即可。

经过第一阶段，观众的情绪已经被调动起来，会自然地生出好奇心：这是什么东西？它为什么会有这些变化？它从哪里来？于是，第二个阶段紧随其后。

B. 天生建盏：偶然与必然

顺着观众的第一个疑问"这是什么东西"，我会告诉他："哦，这是建盏。"于是就有了 B1"你好，我是建盏"板块。这里，建盏将以第一人称简单地进行拟人化的自我介绍，并配合一些简单的图文，观看时间不超过三分钟。

针对第二个疑问"它为什么会有这些变化"，B2"入窑一色，出窑万彩"板块将通过铁系结晶釉的生成原理，以动画或高清显微影像的方式展现。

顺着这个疑惑，观众极有可能产生的下一个问题是"它是怎么来的"，也就是它的发展史。所以，B3"因茶而生"板块通过对茶叶发展史和中国陶瓷史的简述，带出南宋时期的斗茶之风——因斗茶时白色茶汤是关键，所以黑瓷得到了发展，而建阳水吉镇所产建盏的品质与审美最佳，成为风靡一时的"贡品潮玩"。

建盏的釉面变化

兔毫建盏

既然逻辑推进到了水吉镇，疑惑自然就变成了“水吉镇有什么特殊”这个问题上来。于是，B4“水吉陶土”顺带就将福建南平、建阳的地理风貌、水土资源、交通条件、古代陶瓷工业等情况带出。

从 A 到 B 的情绪是下降的，要从原先的亢奋心情逐渐平复下来，因为接下来会有一个新的情绪反转：建盏断代。

C. 隐入烟尘：离去与归来

回到茶叶发展史。宋代的饮茶方式由煮茶发展成为点茶，而到了明代，明太祖废除福建建安团茶进贡，禁造团茶，改茶制为芽茶，也就是散茶，不用再费劲磨茶粉，也不用斗茶了，冲泡一下即可。

使用场景的消失导致建盏的全面没落，随着时间的推移，原先的烧制工艺、原料配方也渐渐失传。这个部分的故事将在 C1“因茶而生，因茶而没”板块展示。

建盏即去，所存世者自然稀少，C2“稀世建盏”板块将呈现的是以“三片半”窑变建盏为代表的传世孤品。有条件的话，这部分可以使用超高分辨率影像。

20 世纪 70 年代末 80 年代初，建盏复烧，C3“曜变重现”将重点呈现这一历史时期的故事，可以采用纪录片的方式展示。

从建盏的离去到复现，观众的心情是不是也经历了一点儿小波折呢？

经过四十多年的发展，建盏家族复盛，于是以自然逻辑带出了 C4“建盏家族”，从器型到釉面全方位介绍建盏。

这里又将隐藏一种情绪的变化。在之前的参观中，观众的情绪是下行中带有波折的，而从 C4 板块开始，观众的情绪会出现一个大高峰：各式各样的建盏，盏面向上，以一人间隔为距离，以矩阵式排列形成“建盏花田”，

曜变建盏

一道人造条形天光自上而下，自前而后，缓缓地从盏面扫出，所到之处，异彩纷呈……

这个部分很可能是整个展馆最精彩、最具有冲击力的部分，建盏数量越多，视觉冲击力可能会越强。按照“基于自然心理引导的逻辑故事创作方法”，我们继续推理，接下来最合理的呈现应该是建盏的烧制工艺。

D. 造物天成：人为与天工

建盏的烧成一半依靠人力，一半依靠天工。所以我们可以先大体展现建盏烧制的工艺流程，将 D1“工艺流程”呈上。这个部分会以动态化多媒体的形式呈现，条件有限的话，精致的图文也未尝不可。

在这个工艺流程中，有三个因素可算是决定成败的关键与核心：原料制备、温度制度和氛围控制。所以，在 D2“关键技艺”板块，我会详细介绍这三个方面对作品成败的直接影响。如果条件允许，可以制作一个参数变量的多媒体烧制游戏，体验效果更佳。

某个细小参数的变化，就可以导致烧制的失败，所以，D3“差之毫厘”其实是与 D2“关键技艺”并行的。在观众体验 D2 部分时，各种瑕疵品或废品堆放在 D2 板块周边，并将随着 D2 部分的演绎，出现不同的瑕疵品：过烧的、开裂的、缩釉的……

烧制的过程需要窑炉，所以 D4 板块将介绍窑炉，包括古代窑炉和现代常见窑炉：龙窑、电窑、气窑……但若只是摆放一个实物，体验度是不够的，所以对于它的体验，我有两种设想：

其一，真烧窑炉，与匠人合作，把博物馆变成窑场，现场为观众演绎，并变成旅游或研学项目（目前的建阳传统窑炉是有条件变成活态博物馆的），开窑的时刻便是成品的销售时刻，这也将是博物馆运营业态的重要组成部分。

其二，复现百年前南宋建阳烧盏场景，以戏剧方式演绎，但这个方法成本较高，只在大型旅游区可行。

从 D1 到 D4 板块，观众的情绪是从高潮逐渐下行的，但也会在其中找到几个有趣的次高点，如真正的现场烧制、开窑、演艺等。

建盏釉面类型

E. 大师之路：我的小宇宙

在最后一个展厅，观众的情绪需要收拢，所以，我们可以安排人的故事作为结尾。

建盏是一份事业，一份追求，于大师而言，很可能也是“造物”的一个过程，那么他们会对这个盏有什么话说？自己会有什么样的理解？

从大师到新生代，拿出他们的代表作，设立一个人与物共处的场景，以激励建盏传承者。“我人生宇宙间，而我亦生宇宙”，这个部分的营造方式，我设想的是以“掌中宇宙”般的乌金釉面为氛围，在暗环境的氛围中，仿若有光，而此光素雅，与第一部分的绚烂首尾呼应，其中妙处，仁者见仁……

9.6 投影展示

在这个板块，我将介绍另外一种常见的展示手段：投影。日常中往往将屏和幕混为一谈，实际上，屏是主动发光，如电视机，而幕是被动受光，需要一台投影机将画面打在幕布上。提到投影机，必须先了解投影的介质。

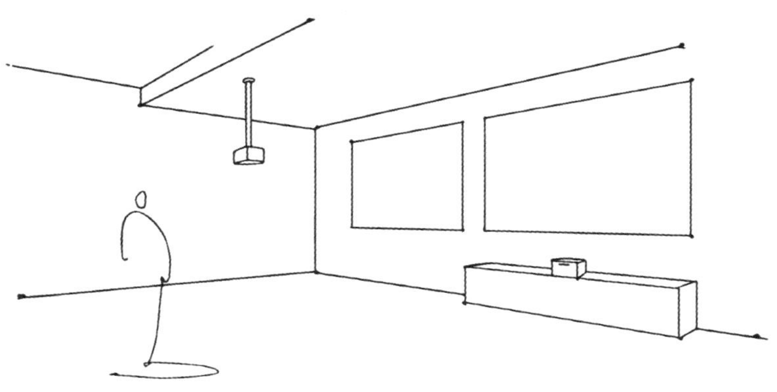

投影机在展览中的基本应用

（1）投影的介质

最常见的投影介质是大白墙，画面直接打在大白墙上，就会得到一个不错的画面，墙面越干净，投影效果越好。若想追求更好的投影效果，就需要专业的幕布。幕布的种类也是五花八门，如白玻纤幕布、金属幕布、抗光幕布等，对画面的增益效果不同，价格也各不相同。

所谓的增益效果，其实就是对投影光线反射的增强效果。例如，一台 1 000 流明的投影机，使用 1.2 倍增益的幕布，可以达到 1 200 流明的效果。增益效果越好，画面越亮，感觉越清晰。不过，增益并不是越高越好，增益太高，可视角度会变小，色彩也会有所缺失。

在日常场景中，大白墙是完全够用的，不用刻意追求专业投影幕布。如果觉得墙体比较暗淡或者反光太明显，可以通过刷投影漆的办法来解决。除了最普通的幕布，还有其他投影介质，如水、纱帘、烟雾等，利用投影机将画面映射其上，会获得更加有趣和奇妙的效果，而这也可以成为创意来源。

（2）投影机

投影机也有各种各样的类型，如 LED 投影机、DLP 投影机、激光投影机等，不同类型的投影机有不同的投影参数，如流明度、对比度等。尽量选择有效流明度高（CIVA 流明）、对比度较高、噪声小的投影机，现在许多家用投影机都自带系统，可以参照电视机设置投影机的参数。感兴趣的话，可以观看一些主流投影机的评测视频。当然，也可以像选购电视机一样，在预算范围内选择最好的，现在千元级别的家用投影机应对普通展览完全没有问题。

（3）投影机的安装

不同类型投影机的安装方式略有差别，比如，短焦投影机可以安装在距离幕布很近的位置，节省空间，而普通投影机则需要计算最佳安装距离。一般情况下，投影机的说明书里注明了最适合的安装距离和高度，只需要根据这个距离和高度选择顶装或者使用投影支架即可。

现在的投影机大多自带自动调焦和自动梯形校正等功能，可以保证画面正常。如果想得到更加有趣的展示效果，也可以手动调整。另外，将投影机安装在结构体里，可以错开观众的视线，隐藏不了的话，可以通过涂色或遮挡让它与展览环境融为一体。

（4）投影的环境

投影机虽然比较轻便，便于携带，但最大的弊端是对投影的光环境有很高的要求。正常情况下，普通投影机在比较亮的环境中，投影效果会大打折扣，所以要准备一个相对封闭的暗空间，或者选择在晚上投影。如果想在日光下达到比较好的显示效果，建议选择屏幕。

（5）投影的创意

有些投影机可以安装不同的镜头来实现特殊的投影效果，但家用投影机一般是不可以切换镜头的，但可以通过增加一些遮挡物，或者改变投影画面的形状来实现异形画面的输出：将投影画面叠加在一些立体结构上，并把它做成动态效果，就会得到一个非常不错的投影装置，如在一个大型面具上投影京剧脸谱；制作一个圆形的画面，把它投影在白色餐桌上，就会得到一个有趣的动态餐桌；准备一个巨大的空白画框，把影像投射在画框里，就会得到一个很有创意的投影动态画作，如水波纹正在荡漾的中国水墨画。

参考资料：

[1] 万晓惠 . 北宋“斗茶”对建盏设计的影响 [D]. 景德镇陶瓷学院，2011.
[2] 陈显求，陈文钦 . 仿制宋鹧鸪斑建盏的工艺基础 [J]. 中国陶瓷，1993.
[3] 张玮 . 高铁析晶黑釉的科学研究 [D]. 景德镇陶瓷学院，2010.
[4] 金晓霞 . 建盏的美学特征及美学意义 [J]. 陶瓷学报，2009.
[5] 谢松青 . 建盏烧制技艺浅析 [J]. 艺苑，2016.
[6] 李达 . 论鹧鸪斑建盏 [J]. 陶瓷学报，1998.
[7] 蔡炳盛，蔡威，蔡杰 . 试论建盏的烧制工艺 [J]. 艺术科技，2015.
[8] 牛丽彦 . 宋代茶文化与建盏的相互作用关系研究 [J]. 福建茶业，2016.
[9] 陈显求，陈士萍，等 . 宋代建盏的科学研究 [J]. 中国陶瓷，1983.
[10] 石小涛 . 铁系分相艺术釉的制备工艺与机理研究 [D]. 华南理工大学，2020.
[11] 王子怡 . 中日陶瓷茶器文化研究 [D]. 清华大学，2004.

10 闽菜在南

姜母鸭
五花肉蛏溜汤
泉州黑豆豆腐
药膳竹筒虾
厦门面线糊
猪蹄
孜然羊排
荷叶蒸牛腩
柠檬凤爪
香酥芋泥
肥肠烧茄子
艾草麻糍
闽南三拼
爽口粉蹄
沙茶东山小管

10.1 一个“吃货”的本能反应

展览距离普通人较远的一个重要原因是，它和我们的生活是割裂的，所以，我反复强调，并且尝试，将展览展示转化为一种生活方式。那么，如果把展览展示用在一个餐厅或者一个商业空间中，它会呈现什么样的效果呢？

如果你从事的是餐饮业，或者其他商业形式，可能会有类似的需求：我的餐厅或商业空间好像缺少了一些文化底蕴和体验感，能不能加一些东西进去，让它升级？于是，一些策展从业者开始“整活”，把我们做博物馆、科技馆的办法应用到了餐厅、健身房等传统商业项目上，并包装了“体验型新商业模式”等概念进行推广。在这类项目里，我们最常见到的就是各种各样的投影：恨不得把所有静态空间都投上影像，甚至还有剧、秀和表演。

这类项目在初期往往是很有爆点的，新鲜、有趣，颇受欢迎，但当热度降下来后，便会很快陷入入不敷出、运营艰难、叫苦连天的境地。我曾经也非常热衷于这样的创作，并认为这是发展的方向和潮流，直到我们自己做了一个餐厅，办了许多商业展览，才知道“网红化”并不是长久之道。

自己做项目与之前的核心差异是：以前做项目的资金不是我们自己的，所以不心疼，而花自己的钱去做时，才发现用钱的地方太多了，如果真用上那么多的投影、装置、影像，成本会非常高，性价比很低。因此，这类商业模式要在高附加值的领域才比较可行，如奢侈品、贵金属、高端餐饮等领域，如果是普通的商业空间，效果就不会那么理想了。

举一个例子：以一个普通的餐饮空间来说，一家店的面积少则 30 ～ 50 平方米，多则 300 ～ 500 平方米，每平方米的装修成本可能在 1 000 ～ 3 000 元，如果按照博物馆每平方米 11 000 元的成本去打造，肯定不现实。考虑到文化挖掘需要耗费的时间和精力、沟通成本与时间成本，再加上展示空间的占用会使坪效降低，商业空间对博物类、多媒体类等“高浓度”展览展示的态度就可想而知了。

所以，展览展示与商业化融合的关键问题就变成了“怎样用投入最少的方式提升商业空间的价值”。那么，展览展示行业青睐的数字化内容就首先被抛弃了，因为成本太高，并且时效性比较差。商家会更倾向于利用原本的空间结构稍加变化，再加上一些美术陈列和留白来创造效果——至少比纯粹的无内涵装修好，不是吗？

本章选择的主题是闽菜，同样是从我熟悉的事物中寻找的主题。作为福州人，我对闽东菜系更加了解，但这并不妨碍我对闽南菜口味的追求，并且在尝试了闽南菜之后，我刚好遇到了一次不错的机会，可以将展览展示的文化内涵应用在一家餐厅中，所以，不妨来看一看我是怎么做的。

10.2 一家餐厅

这家餐厅叫院意闽南菜，位于福建省莆田市，是当地知名的闽南菜餐厅。他们在紧跟潮流的同时，还非常难得地认同闽南菜的文化传承，所以希望将餐厅升级，变成更富有文化底蕴的餐厅。

如上文所述，一些展示公司听到这样的需求，大概会一律朝着多媒体化、装置化、博物馆化的方向设计，如“唐山宴”，把这个项目想象成一个博物综合体，或者效仿某个米其林餐厅，打造一个“网红打卡”的多媒体餐厅。

这样做的效果肯定是不错的，但对普通的餐饮从业者来说并不太现实，所以我制定了以下策略：

玩梗：用有趣的语言再述闽南菜。

破圈：用美术馆化的方式提升格调。

造景：用闽南风物和食材营造主题。

10.3 创作一个故事

这些策略归根结底就是“闽南菜文化”。什么是闽南菜？它从哪里来？闽南菜的特点是什么？……这一堆问题都需要深入挖掘闽南菜文化来寻找答案。虽然我是福建人，熟悉福州菜，但对闽南菜知之甚少。所以，老规矩——读书 + 体验，然后创作展览大纲。

A. 闽菜纵览

1. 福地美食

福建省简称“闽”，具有福建烹饪特色的菜肴称为“闽菜”，是我国八大菜系之一。

2. 八闽菜路

闽菜分为沿海与山区两路菜。海路菜主要在福州、闽东、闽南与闽北等地区，山路菜主要在闽北和闽西的大部分地区，以及闽东、闽南的山区。

3. 闽南源流

闽南地域主要指泉州、厦门、漳州三地。讲闽南语的地区主要包括福建的泉州、厦门、漳州以及广东潮汕地区和台湾地区。

4. 闽南菜

闽南菜是闽南文化的组成部分，是闽南文化在饮食方面的具体表现。它始于盛唐，兴于两宋，在元明时期萧瑟，在清代彻底荒芜，在民国时期再盛，新中国成立后，在改革开放后重新繁荣。

B. 底味闽南

1. 根在中原

1) 衣冠南渡，八姓入闽

北方人南迁入闽和闽越族人外迁始于西汉。“永嘉之乱，衣冠南渡，始入闽者八族”，这是中原地区的人第一次大规模南迁，也是北方汉人与闽人的第一次大融合。

2) 故土难忘

入闽的中原人士既带来了先进的中原文化、生产技术，也带来了中原地区古老的饮食文化，一些烹调技术保存至今，如“羹”类食品。

2. 闽南山海

1) 田园守五谷

闽越人的主食以稻米为主，副食以水产类为主，居于沿海的多吃海产，居于山区的多吃淡水水产，也吃山中野味。

2) 古林寻野味

靠海背山，那山便是我们的牧场。在闽越文化中，山林既是食物的来源，亦是图腾崇拜的对象。

3) 长海觅鲜踪

“闽在海中”，食海鲜是闽南人的日常，从最初的渔猎大海到如今的海洋牧场，对海鲜的知觉已经融入闽南人的血脉。

3. 海丝杂俎

1) 从刺桐城出发

千年以降，闽南地区核心港口发生了三次变化，从泉州港到漳州的月港，再从月港到厦门港，闽南文化的重心也随之发生了变化。一部闽南港口变迁史，就是半部中国海洋史。

2) 海上丝绸之路与闽南菜

明清时期，泉州是全国重要对外通商口岸，通过长期的海外联系引进了许多舶来品，形成一种以闽味为主体，又多渠道吸收“西味”的闽南菜风格。

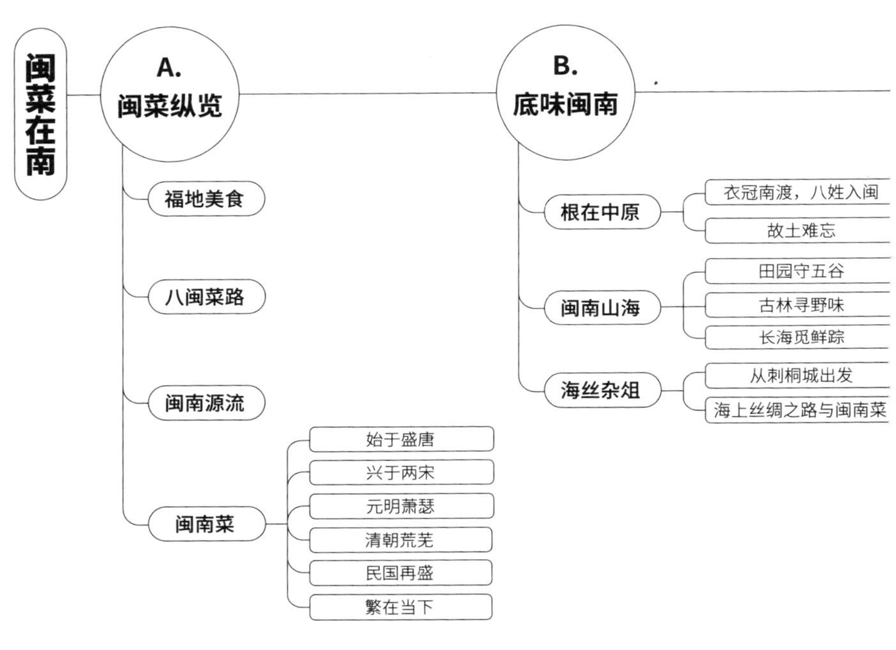

闽菜在南
A.
闽菜纵览
福地美食
八闽菜路
闽南源流
闽南菜
始于盛唐
兴于两宋
元明萧瑟
清朝荒芜
民国再盛
繁在当下
B.
底味闽南
根在中原
衣冠南渡，八姓入闽
故土难忘
闽南山海
田园守五谷
古林寻野味
长海觅鲜踪
海丝杂俎
从刺桐城出发
海上丝绸之路与闽南菜

“闽菜在南”展览大纲

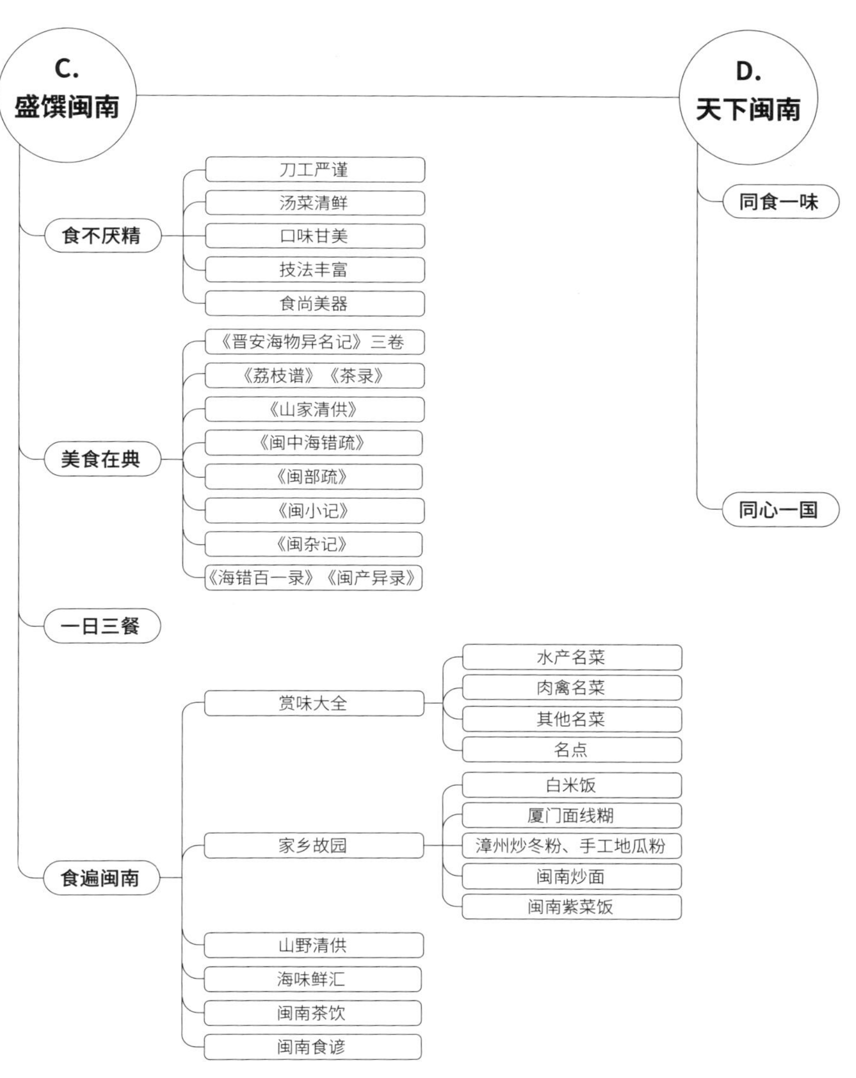

C.
盛馔闽南
D.
天下闽南
食不厌精
刀工严谨
汤菜清鲜
口味甘美
技法丰富
食尚美器
美食在典
《晋安海物异名记》三卷
《荔枝谱》《茶录》
《山家清供》
《闽中海错疏》
《闽部疏》
《闽小记》
《闽杂记》
《海错百一录》《闽产异录》
一日三餐
食遍闽南
赏味大全
水产名菜
肉禽名菜
其他名菜
名点
家乡故园
白米饭
厦门面线糊
漳州炒冬粉、手工地瓜粉
闽南炒面
闽南紫菜饭
山野清供
海味鲜汇
闽南茶饮
闽南食谚
同食一味
同心一国

C. 盛馔闽南

1. 食不厌精

丰富的历史文化积淀使得闽南菜在烹饪上形成了鲜明特征：刀工严谨、汤菜清鲜、口味甘美，并且烹饪技法丰富，搭配美器。

1) 刀工严谨

闽菜刀工有剞花如荔、切丝如发、片薄如纸的美称，闽南菜系继承了这一优秀传统，立意于味，而非造型。

2) 汤菜清鲜

汤在闽南菜中占据重要的地位，闽南的汤，质鲜、味纯、滋补，讲究清鲜的口感，具有闽南菜独特的风韵。

3) 口味甘美

因菜取山海，闽南菜的口味偏甜、酸、淡，喜爱原料的本味，菜肴制作在色、香、味、形兼顾的前提下，以“味”为本，并根据不同的食材做刀工的变化和调味，使菜肴独具一格。

4) 技法丰富

闽南菜以巧烹海鲜佳肴见长，其烹调技法包含炸、煎、烧、炖、焗、炒、焖、煮、卤，各色技法对应不同菜色，令食材产生奇妙的变化。

5) 食尚美器

闽南美食往往搭配美器，“白如雪、薄如纸、明如镜、声如磬”的闽南德化白瓷便成为闽南美食最好的盛具。除了德化白瓷，还有平和瓷。盘、碗、罐、盆、碟、盏、杯、炉、瓶、鼎、盒、觚等餐具和炊具，使闽南饮食器皿别具一格。

2. 美食在典

①《晋安海物异名记》三卷，北宋学者、福建莆田（一说晋江）人陈致雍著。

②《荔枝谱》《茶录》，北宋官员、学者、书法家、福建仙游人蔡襄著。

③《山家清供》，南宋时期，泉州人林洪著。

④《闽中海错疏》，明代万历年间福建盐运司同知、浙江宁波人屠本畯著。

⑤《闽部疏》，明代江南人王世懋著。

⑥《闽小记》，清初任福建按察使、布政使、河南祥符人（今开封）周亮工著。

⑦《闽杂记》，清末做过福建幕僚十四年的浙江钱塘人施鸿保著。

⑧《海错百一录》《闽产异录》，福州学者郭柏苍著。

3. 一日三餐

闽南人一日三餐的主食以米及其制品为主，过去有些地区以番薯为主要口粮。早、晚餐通常吃米粥。粥分淡粥、咸粥和甜粥，午餐、晚餐通常吃米饭，有白米饭、菜饭、海鲜饭、水果饭等。三餐副食包括鲜蔬菜、腌渍菜、豆制品、肉制品、调味品等。

4. 食遍闽南

1) 赏味大全

① 水产名菜

五彩龙虾卷、沙律龙虾、菠萝龙虾、汤煸龙虾、清蒸加力鱼、橘汁加力鱼、加力鱼焖白菜、桃花桂鱼等。

② 肉禽名菜

东璧龙珠、绒鸡炖绉参、红焖猪蹄、爆炒腰花、炒肚尖、炒沙茶牛肉、沙茶狮子头、当归牛腩、封肉、醋肉、醋排、猪脚芋等。

③ 其他名菜

一品锅、双鲜拌金菇、水晶荔枝、炸酿枣卷、玉板豆腐、八宝冬瓜盅、菊花火锅、什锦火锅等。

④ 名点

炒面线、烧肉粽、沙茶肉面、花生汤、馅饼、韭菜盒、油葱粿、芋包、芋泥、枣、八宝芋、炸五香、土笋冻等。

2) 家乡故园

① 白米饭

中原农耕在闽南地区延续，稻米是闽南人的主食，又因闽南地处亚热带，水果众多，也常用水果入馔，造就新奇之味。

② 厦门面线糊

由细面线制作成的糊状菜，可随性添加各类小料，丰俭由人。

③ 漳州炒冬粉、手工地瓜粉

闽南地处亚热带，传统水稻种植无法果腹，明中后期从国外引进了番薯，番薯抗旱、易植、产量高，很快成为闽南地区大部分百姓的主食。

④ 闽南炒面

初创于早年厦门的“全福楼”和“双全酒家”，后逐渐成为闽南地区的日常菜色，并成为一代人的集体记忆。

⑤ 闽南紫菜饭

明代《五杂俎》将紫菜列为“闽南四美”之一，食用紫菜饭已经融入闽南生活，成为当地人的一种习惯和寄托。

3) 山野清供

闽南亦多山，因此在日常生活的饮食中，如早餐喝粥常佐以各类蔬菜腌制的小菜，肉类多用猪肉、羊肉、鸡肉、鸭肉、鹅肉，牛肉、羊肉用于进补，亦有野禽、野兽入馔。

① 姜母鸭

泉州地区在清代之前，已有用中草药与畜禽肉共烹的习俗。“姜母鸭”是将闽南、闽西两地特色融为一体的烹法。

② 香酥芋泥、香芋焖元蹄

芋头曾经是主食或主要的辅助粮食，还可做成芋包、芋泥、芋枣，咸甜皆宜。

③ 闽南沙茶虾

明清两代，闽南很多百姓迁移至东南亚各国定居，将东南亚地区马来语称为“Satay”的调味品引入泉、漳两地，又因闽南口味喜酸甜，在辣酱之中增加白糖，形成了独特的、有别于南洋的沙茶酱、甜辣酱等调味品。

④ 闽南炸醋肉

醋肉是泉州人家最常制作的家常菜之一，也是闽南最经典的肉的料理方式。

⑤ 五香卷

五香卷，也叫五香条、卷张、鸡圈，起源于漳州市龙海石码县，流传数百年，如今盛行于整个福建。

⑥ 闽南萝卜糕

闽南地区称萝卜糕为“菜头粿”，寓意步步高升。

4) 海味鲜汇

早年闽南地区虽粮食紧张，却盛产海产品及各类经济作物，诸如蛤、蚬、牡蛎、螺类，闽南人会到深海中捕捞贝类、鱼类，于是对海产品的加工便成为闽南人的天赋技能。

① 厦门海蛎煎、秋葵海蛎羹

海蛎对于滨海的闽南人来说简单易得，因此也变得普通，日日相伴更使其成为一种专属的文化，不可缺少。

5）闽南茶饮

闽南人向来有早茶晚酒的说法，无茶不成礼，喜茶配，茶对于闽南人说，早已超越“饮料”本身，而饮茶也成为闽南习俗的一部分。

6）闽南食谚

“民以食为天，无食倥倥颠。”“艰苦做，快活食。”“讲长讲短，讲吃煞尾。”“靠山吃山，靠海吃海。”“吃饭皇帝大。”“千补万补，三顿吃饱第一补。”“跳过沟，吃三瓯。”……

D. 天下闽南

1. 同食一味

闽南菜不仅在闽南地区盛行，也在离家游子的所到之处遍地开花，有华侨的地方就有闽南的家乡味。在区域文化中，唯有闽南文化能在闽南区域之外形成强大的文化圈。闽南文化源远流长、博大精深、辐射广阔、动态传承。

2. 同心一国

中华文明是世界上唯一没有中断并发展至今的文明，我们通过各种各样的中国符号，让中华儿女形成共同的归属感。闽南菜虽然只是闽菜的一个分支，只在一隅，却已经成为中华文化的一个符号，牢牢地将海峡两岸、全球华侨与中华民族牢牢地联结在一起……

10.4 布展吧

在对闽南菜的文化有了了解之后，我的设想是以“低浓度、轻设计”的方式，将闽南菜文化的内容点融入餐厅的环境氛围。

可不可以把闽南菜卡通化、形象化？当然，这个开发的工作量并不小，而且要遇到合适的漫画家，所以经过商议后，我再次降低了“浓度”。

只要设计一套观众交互动作，再结合内容手册里关于闽南菜的知识点，并按照文本的逻辑放置在空间里，用展板、投影灯，或少量投影机和电视机串联成线，就可以营造一定的文化氛围。

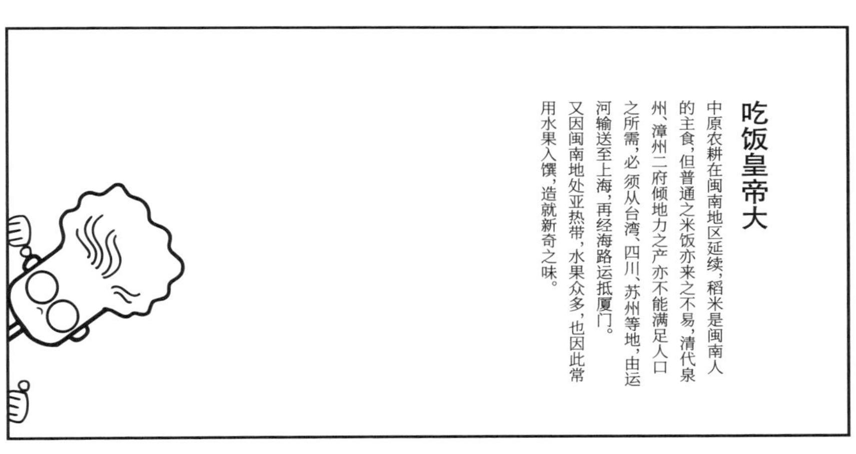

（卡通形象由艺术家王盼创作）

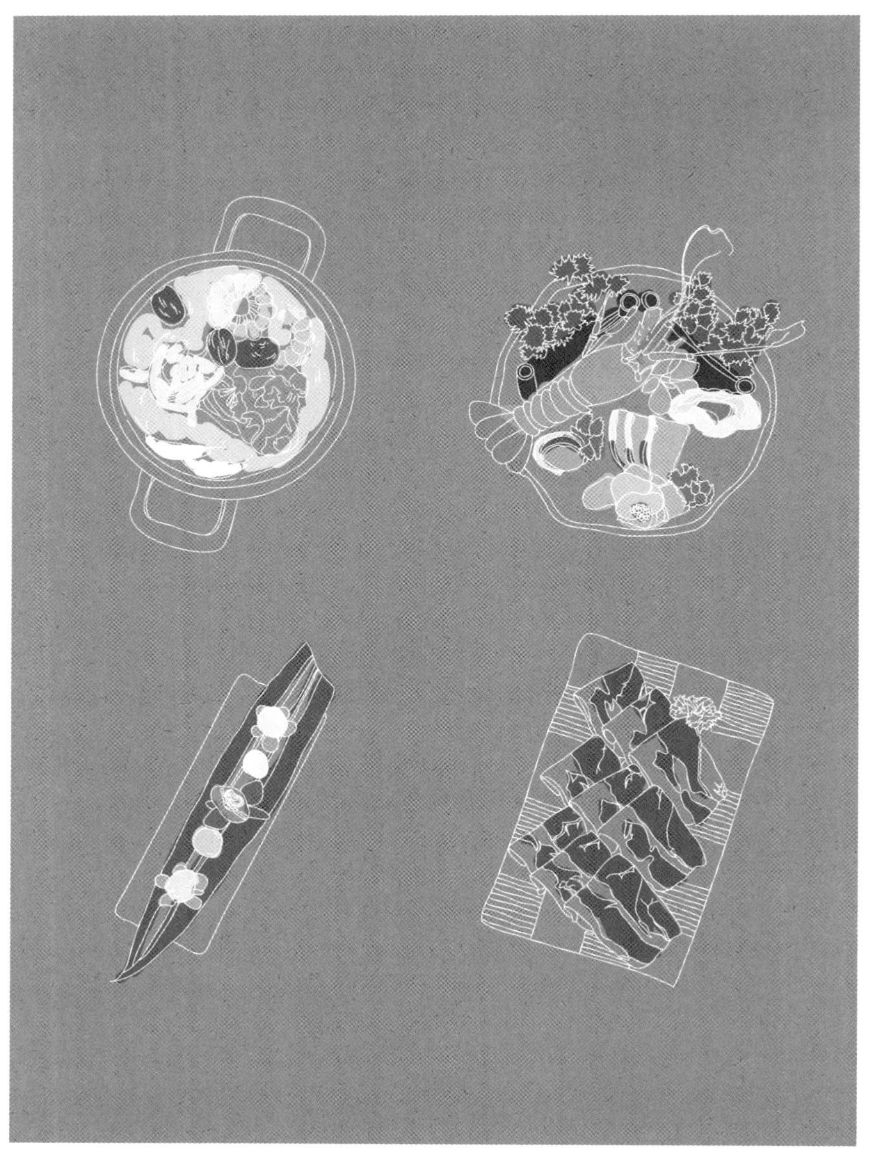

（手绘食材图片为设计师庄妍创作）

看到这里，你可能会有这样的疑问：为什么只是点缀，不做沉浸式设计？做了那么多的内容，为什么不全部呈现出来？

对餐饮行业来说，最重要的一定是味道！网红餐厅只能红一时，味道却是持久的。

第二个关键是成本。前文说过，用投影、交互当然是好的，可是最普通的交互与影像制作也要几万甚至几十万的成本，这种投入与产出是不成正比的，还不如用这些费用把菜品研究好来得更实在。

因此，站在餐厅的立场，不能因为自己想出作品，就盲目地让对方增加成本，做些不那么重要的东西。甚至，如果我们的作品成了对方的负担，最终不出现也是可以的。而我的展览文本，可以变成他们的员工了解闽南菜文化的一个渠道，变成他们创新菜品的创意来源，变成企业文化的出处——知道自己的来处，找到自己的去处。即便最终什么也不呈现，只剩下一个文本置于案头，也未尝不是另一种存在的方式。

10.5 光影展示

在所有展示手段中，成本较低又容易做出效果的首选光影展示，其可分为自然光光影展示和人造光光影展示。

（1）自然光光影展示

利用日光、月光或自然光的反光等光源，再结合展厅的结构加以呈现的展示手段叫自然光光影展示手段。就像阳光照进屋内，窗台在地面上形成影子，它们的原理是一样的。

如果把窗台换成其他结构，如镂空的砖墙，或者在玻璃上贴上各种各样的图案，或者干脆换上刻有文字的玻璃，在阳光的照射下就可以在地面形成

愿意把時間給伱的人
才是最愛伱的人

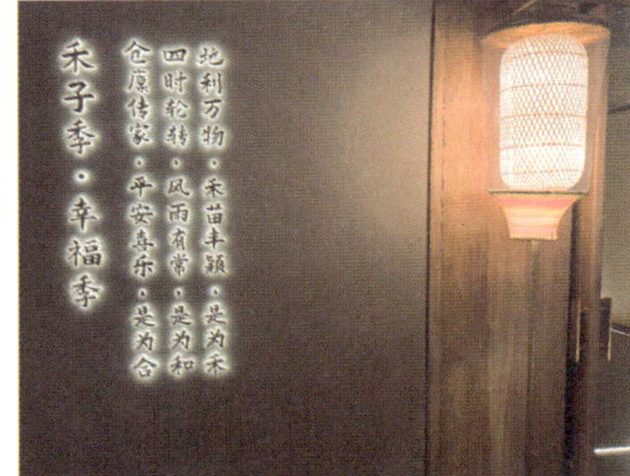
地利万物，禾苗丰颖，是为禾
四时轮转，风雨有常，是为和
仓廪传家，平安喜乐，是为合
禾子季·幸福季

空间效果呈现

自然光源的展示创意

影像结构，这种自然的影像结构非常符合人类的审美，所以在建筑和展览中被大量使用，是一种非常高级的展览手法。

那么，普通人如何利用自然光布置展览呢？展览一般是在室内进行的，所以能利用自然光的场景便是在窗台或临光面——尝试改变窗户的结构，使它具有一定的纹样效果或结构特征；改变窗户玻璃的颜色，甚至直接使用马赛克玻璃，让太阳光在地面形成色彩面；在玻璃上粘贴一些图案或者文字，文字要先反转，这样投出来的影像才是正的；直接制作一个结构，使这个结构在日光照射下形成一个图案……

如果展览是在户外进行的，这几种展示方案都可以使用，你要做的就是在太阳光的照射路径上留下经过特别设计的遮挡物。

（2）人造光光影展示

自然光最大的问题是不可控，自然光源一旦消失，展品就消失了。为了弥补这一缺点，让人们能够二十四小时随时看到展品，我们可以引入人造光源。关于人造光及光环境的设计是一门系统学科，无须深入研究，只要记住以下基本常识，便足够满足展览需求。

人造光源的类型

最常见的人造光源是灯光。灯根据发光原理可以分成煤油灯、白炽灯、LED 灯等，根据结构可以分为平板灯、造型灯等，根据使用场景可分为路灯、庭院灯、水底灯等。灯的安装方法有嵌入式安装、明装、吸顶安装等。

人造光源的参数

如果仔细观察灯光及开灯效果就会发现，灯光是大不相同的。有些光可以照亮整个房间，有些只能照亮局部；有些光偏冷，有些光偏暖；有些灯具可以照射出特定的结构，有些灯具会闪烁不同颜色的灯光。在策划普通展览时，你只需要知道关键知识点即可。

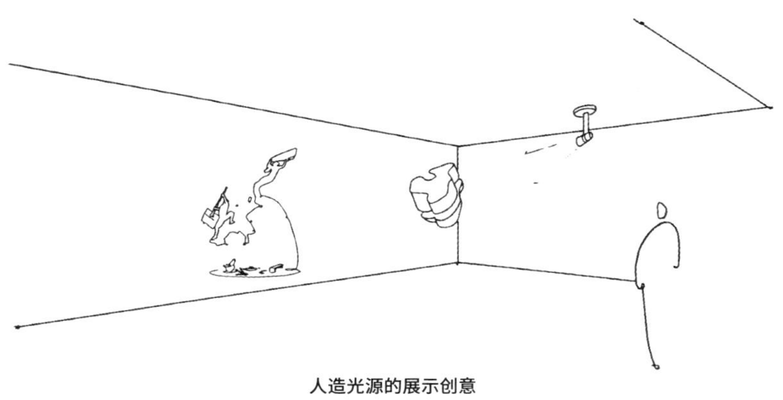

人造光源的展示创意

亮度：灯光的功率越大，亮度越大；功率越小，亮度越小。

色温：色温是标识灯光颜色的计量单位，用 K 值表示。K 值越小，灯光越偏黄； K 值越大，灯光越偏蓝。普通白光的 K 值是 5 300 左右，如果你想让整体空间感觉较冷，就选择高 K 值的灯光，想要较暖就选择低 K 值的灯光，不同的色温会对人的心理产生不同的暗示。

怎样使用人造光源?

不管灯具是什么发光原理或结构，我们需要的其实是“光”，根据想要的光影效果来选择不同的灯具即可。参照自然光条件下的展示方案，把自然光替换成平板灯即可实现差不多的展示效果。

此外，因为灯具的类型多种多样，针对不同的光源还可以这样使用：在光的路径上设置遮挡物，形成影子，类似手影游戏；把遮挡物换成各种各样的几何结构，在墙面上得到各种各样的光斑，再加上文字或画面，就会变成一个很好的图文展板（光影与图文展示技术的完美结合）；把各种废弃物组装到一起，打上灯光形成的影子可以变成一个画面；直接使用光带制作一个光学雕塑；移动灯光，利用摄影的延时效果创作画作……

参考资料：

[1] 彭一万 . 闽南饮食 [M]. 厦门：鹭江出版社，2009.

[2] 范亚昆 . 地道风物 · 闽南 [M]. 北京：北京联合出版公司，2019.

[3] 刘立身 . 闽菜史谈 [M]. 福州：海风出版社，2012.

[4] 张锡坤 . 泉州美食 [M]. 北京：九州出版社，2014.

[5] 程振芳 . 中国闽南菜 [M]. 厦门：鹭江出版社，2017.

[6] 陈燕玲 . 闽南文化研究丛书：闽南文化概要 [M]. 厦门：厦门大学出版社，2018.

[7] 何绵山 . 闽文化通论 [M]. 北京：北京大学出版社，2016.

[8] 施伟青，徐泓，等 . 闽南区域发展史 [M]. 福州：福建人民出版社，2007.

[9] 吴松青 . 闽南地方文化概览 [M]. 厦门：厦门大学出版社，2016.

11 不烦自习室

11.1 策展驿站

这个选题源于一次突发奇想。策展是一个非常小众的行业，从业者不多，并且分散，所以，我当时想，可不可以有一个空间，能够收集这个行业的主流书籍，并且对整个行业的从业者开放，让大家可以随时来这个空间翻阅、交流、分享？

想法一旦诞生就无法扑灭，所以我就用第一年创业的所有结余做了这件事，创作了一个供策展从业者交流分享的公益空间，我将之命名为“不烦自习室”。

11.2 一个角落

我在上海市闵行区的麦可将两岸文创园找到了一个空间。它处在园区的一个幽静角落，自带卫生间，层高理想，租金合适，并且还附带一个较大的室外公共空间。

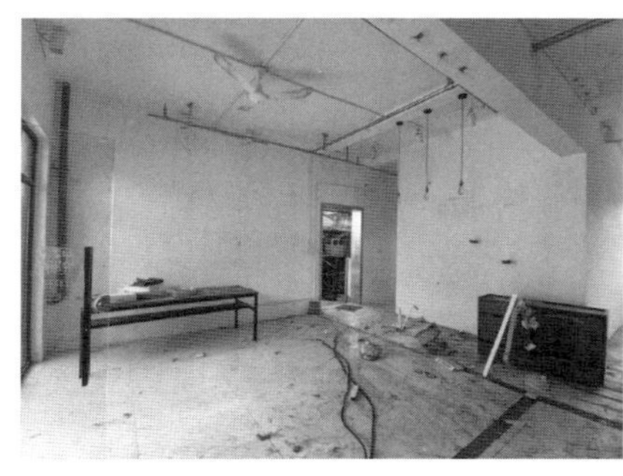

改造之前的室内空间

改造之前的室外空间

数日之后，我们完成了空间的布局规划与设计。

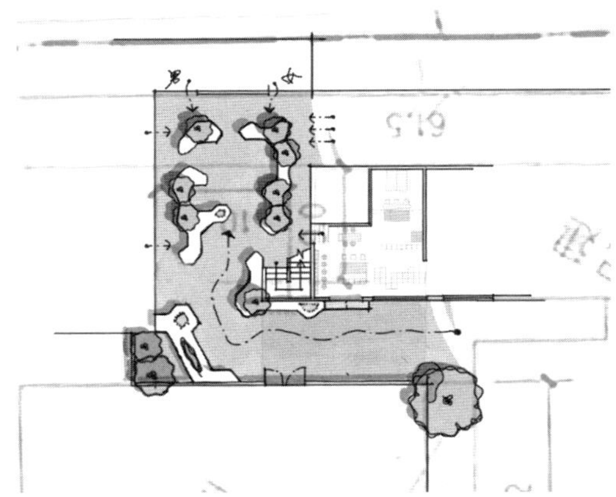

室外空间的设计（景观部分：江益）

室外空间的设计（装置部分：王盼）

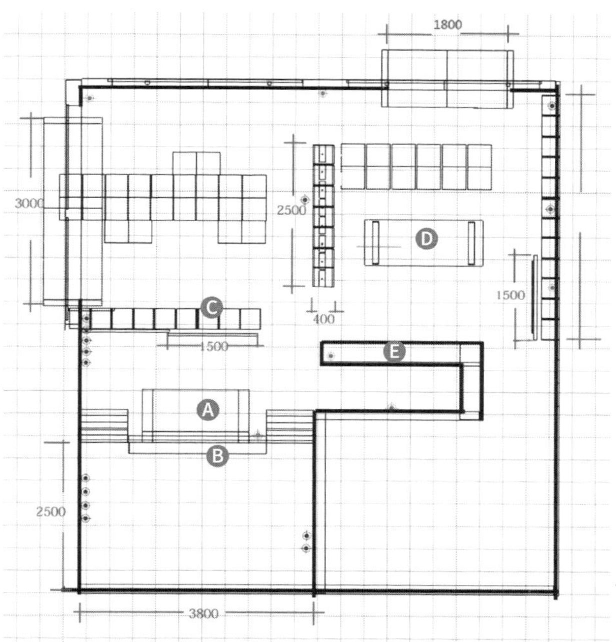

A 区：创作空间提供一些常用的装备与材料，供一些手作爱好者使用。
B 区：他们可以在这里轻办公，把这里当成创业的第一站。
C 区：阅读板块是一个小小的图书空间，可供大家闲暇时阅读。
D 区：分享空间由多媒体装置构成，可以自由组合成一个小型教室。
E 区：休闲空间包含水吧和部分多媒体娱乐项目，可供休憩和亲子互动。

室内布局的设计（王盼）

标识设计（王盼）

11.3 当个驿站站长

四张床拼接成了抬高的地台

在设计基本定稿之后，我和艺术家王盼花了一个多月的时间自己装饰了这个自习室，除了部分硬装，其余的装修、装饰、结构（包括所有展示装置的安装）、布展都由我们自己完成，王盼作为自习室的常驻站长，负责具体运营。

之所以选择自己动手，有三个原因：第一，当时的我们并没有太多资金；第二，我们的低浓度策展理念根本找不到合适的施工委托方；第三，我们想尝试一下自己的手工极限在哪里，仅凭自己能否打造出一个完整的空间。

不烦自习室室内装置和展品

把肉形石放到锅里，一道“菜”就变成了一个展品

窗户贴上通电膜后可在需要时变成投影幕

一个个小立方体拼接成了展台，并可以储物

类似图中这样的小创意还有很多，最终我们完成了这个空间。

空间成形之后，我们运营了两年，把它设定为一个策展群体的候鸟驿站，大家在这里分享、交流、自习，而把策展带入更多人的生活的想法，也正是在这一时期逐步产生并成形的。

不烦自习室户外空间及入口

不烦自习室室内空间

不烦自习室室内多媒体展示模块

运营中的不烦自习室

第三部分

选题指南

展览的类型多种多样，它的内涵也是多种多样的，在这个过程中，相对困难的部分是展览大纲的创作。为了进一步方便大家后续的自由发挥，我准备了 18 个不同展览的展览大纲供大家参考。

考虑到不同阶段的策展需求，展览大纲的深度有深有浅，如爱情博物馆、时光博物馆仅有三级目录，而中医源流展、收纳博物馆等则有四级目录，大家灵活借鉴即可。

12 文化科普类

12.1 酒文化展

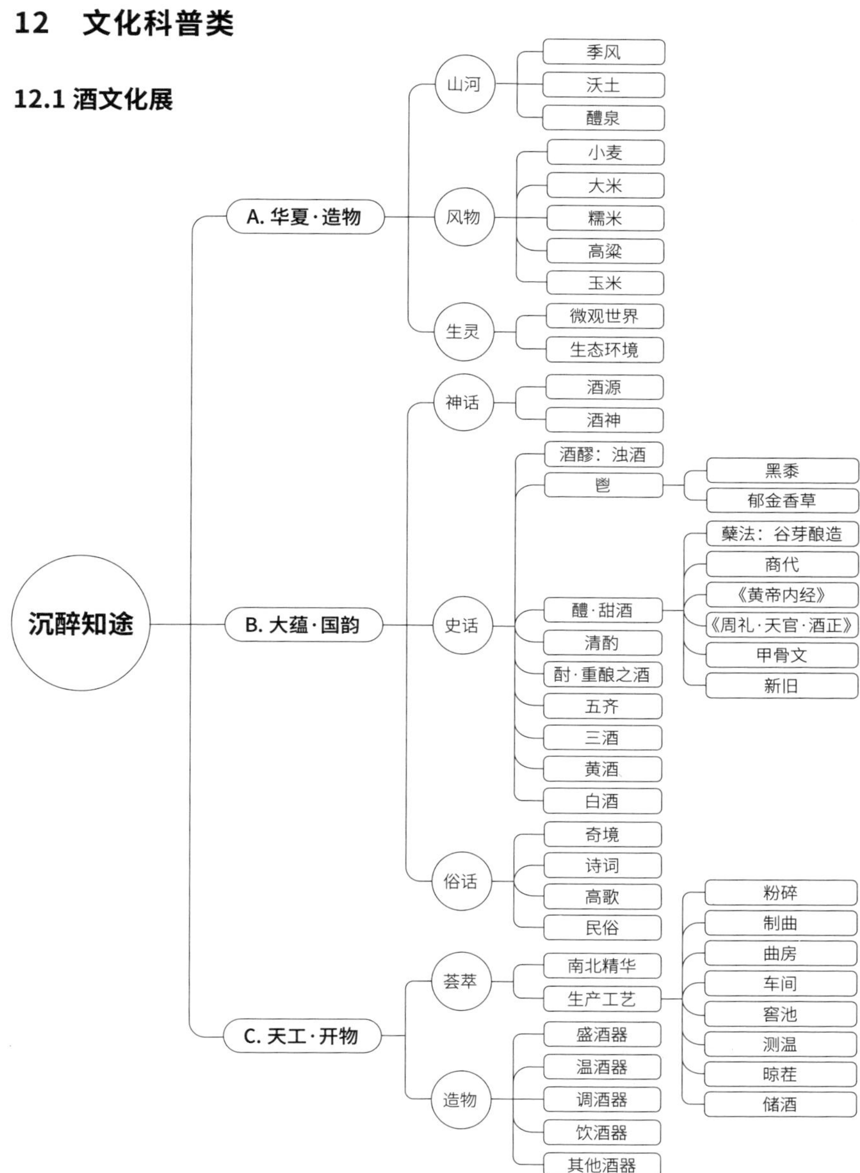

12.2 岛屿文化展

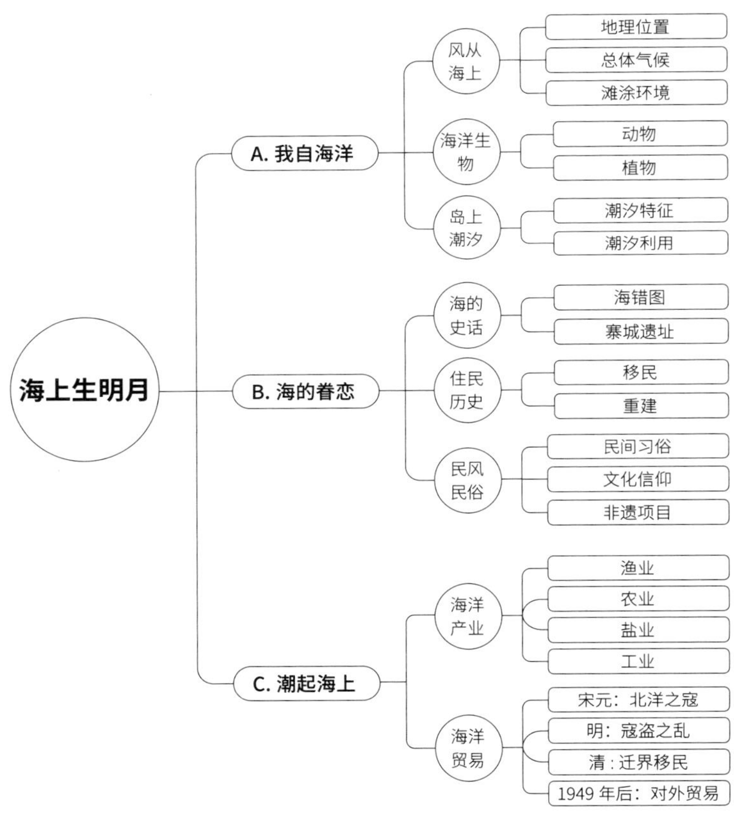
海上生明月
A. 我自海洋
风从海上
地理位置
总体气候
滩涂环境
海洋生物
动物
植物
岛上潮汐
潮汐特征
潮汐利用
B. 海的眷恋
海的史话
海错图
寨城遗址
住民历史
移民
重建
民风民俗
民间习俗
文化信仰
非遗项目
C. 潮起海上
海洋产业
渔业
农业
盐业
工业
海洋贸易
宋元：北洋之寇
明：寇盗之乱
清：迁界移民
1949 年后：对外贸易

13 科技科普类

13.1 潮汐科普展

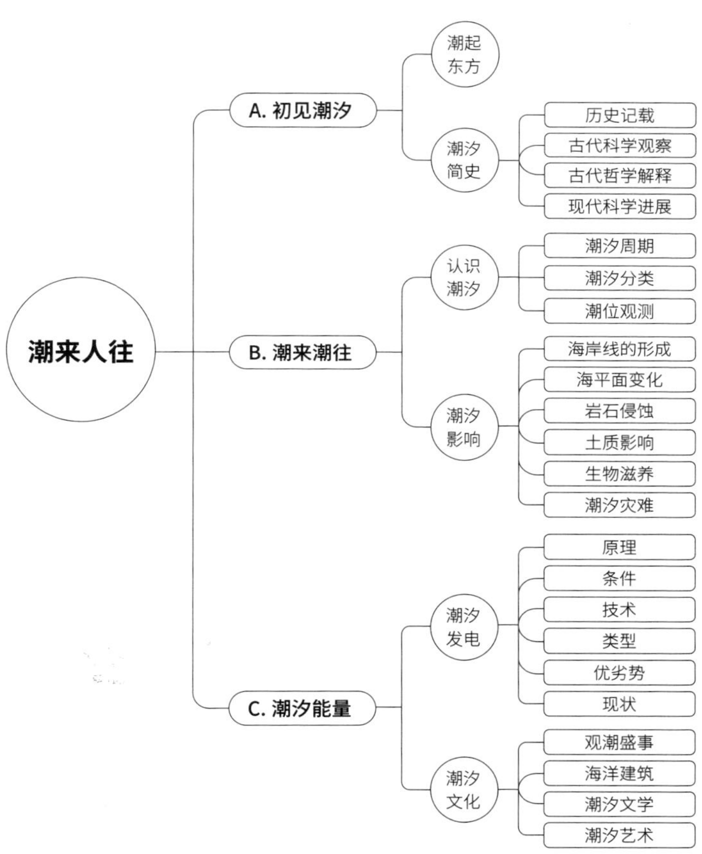

13.2 地铁文化展

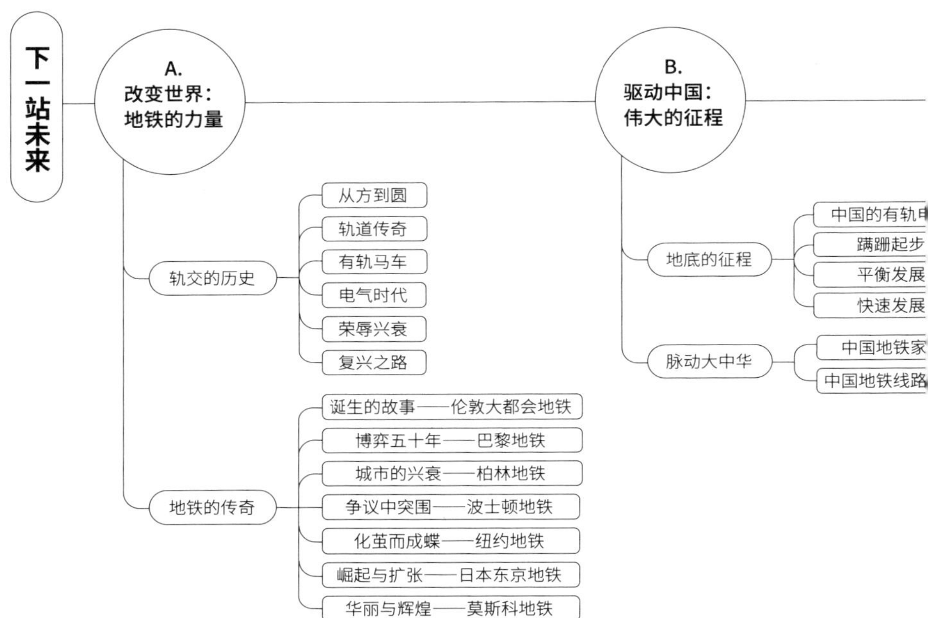
下一站未来
A.
改变世界：
地铁的力量
轨交的历史
从方到圆
轨道传奇
有轨马车
电气时代
荣辱兴衰
复兴之路
地铁的传奇
诞生的故事——伦敦大都会地铁
博弈五十年——巴黎地铁
城市的兴衰——柏林地铁
争议中突围——波士顿地铁
化茧而成蝶——纽约地铁
崛起与扩张——日本东京地铁
华丽与辉煌——莫斯科地铁
B.
驱动中国：
伟大的征程
地底的征程
中国的有轨
蹒跚起步
平衡发展
快速发展
脉动大中华
中国地铁家
中国地铁线路

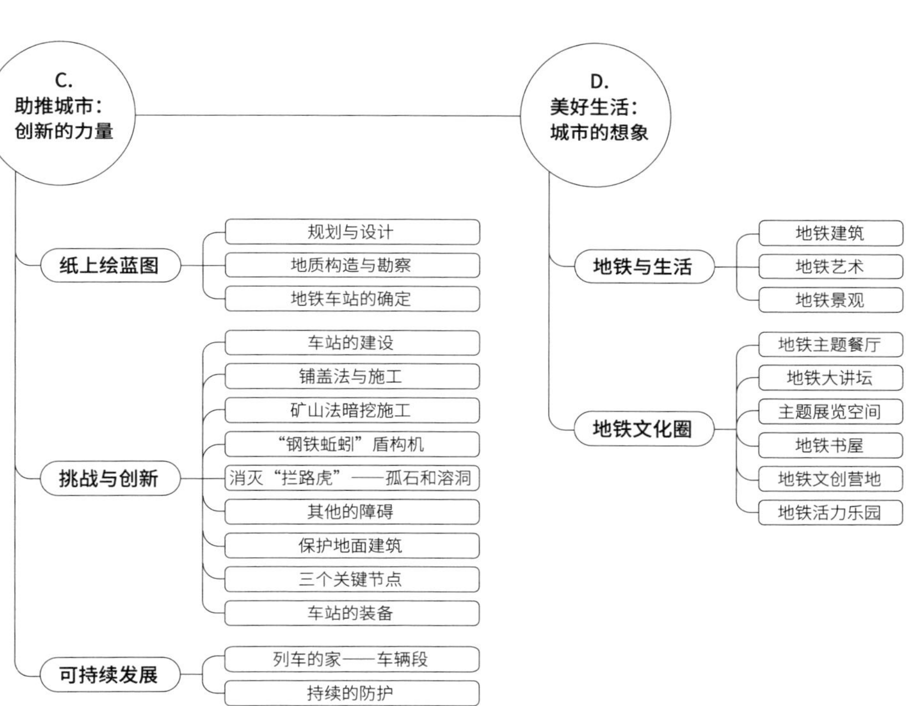
C.
助推城市：
创新的力量
纸上绘蓝图
规划与设计
地质构造与勘察
地铁车站的确定
挑战与创新
车站的建设
铺盖法与施工
矿山法暗挖施工
“钢铁蚯蚓”盾构机
消灭“拦路虎”——孤石和溶洞
其他的障碍
保护地面建筑
三个关键节点
车站的装备
可持续发展
列车的家——车辆段
持续的防护
D.
美好生活：
城市的想象
地铁与生活
地铁建筑
地铁艺术
地铁景观
地铁文化圈
地铁主题餐厅
地铁大讲坛
主题展览空间
地铁书屋
地铁文创营地
地铁活力乐园

13.3 农业科普展

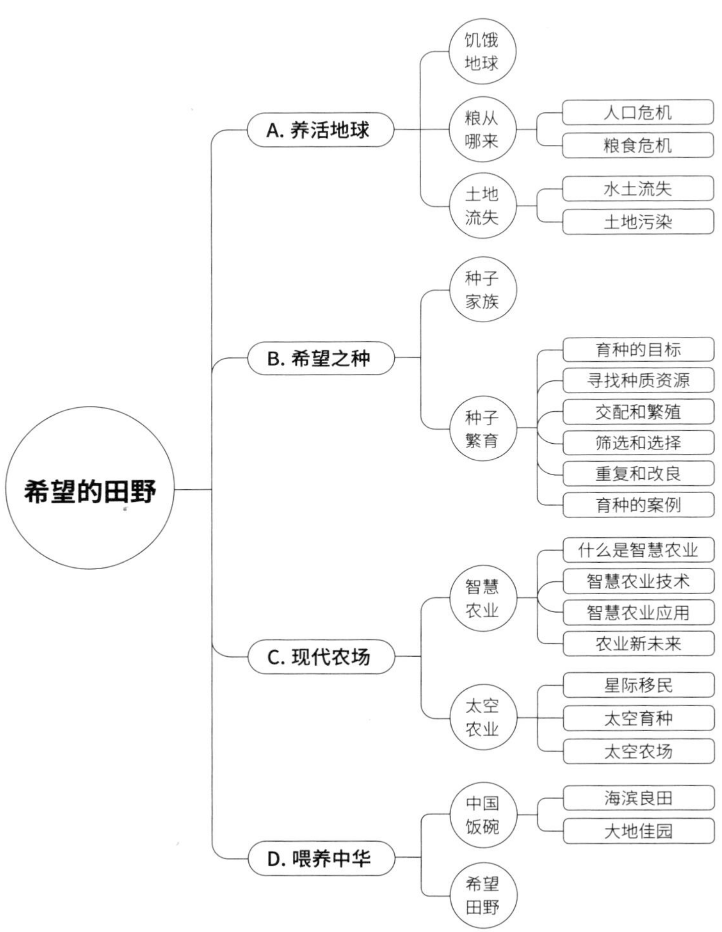
希望的田野
A. 养活地球
饥饿地球
粮从哪来
人口危机
粮食危机
土地流失
水土流失
土地污染
B. 希望之种
种子家族
种子繁育
育种的目标
寻找种质资源
交配和繁殖
筛选和选择
重复和改良
育种的案例
C. 现代农场
智慧农业
什么是智慧农业
智慧农业技术
智慧农业应用
农业新未来
太空农业
星际移民
太空育种
太空农场
D. 喂养中华
中国饭碗
海滨良田
大地佳园
希望田野

13.4 新制造展

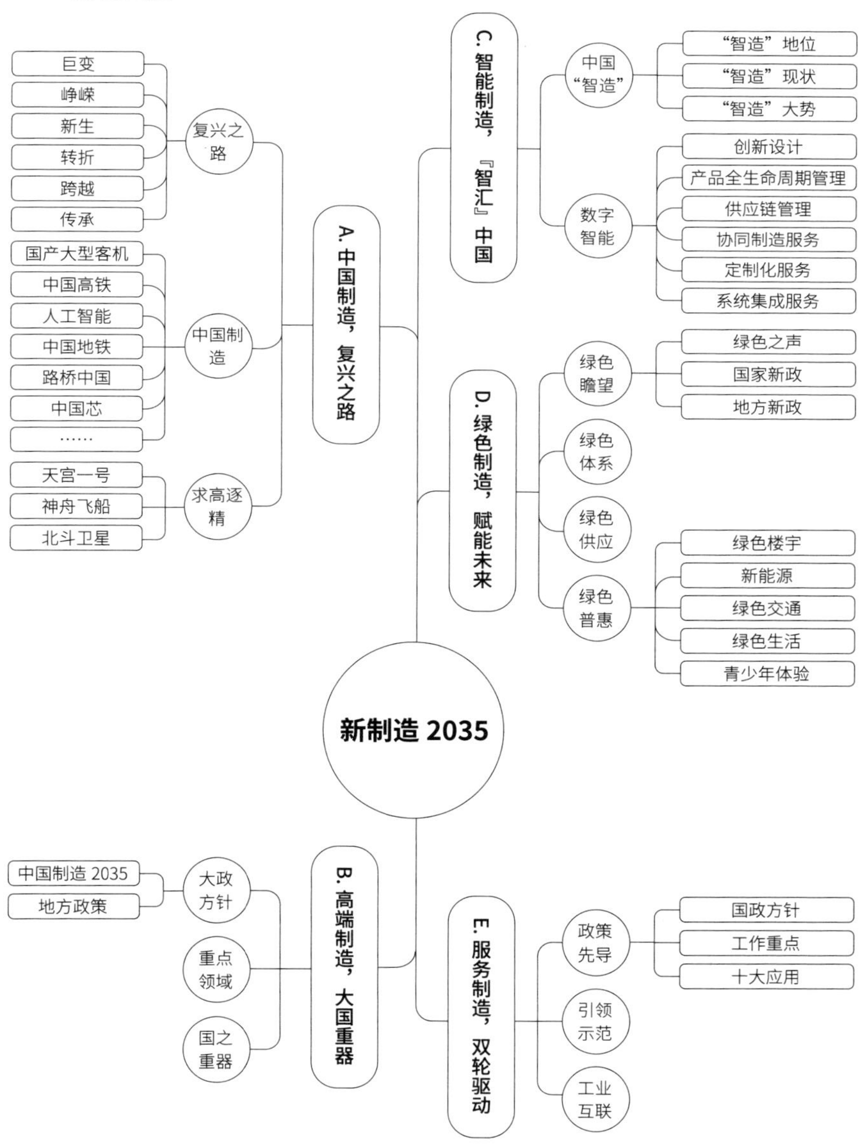
新制造 2035
A. 中国制造，复兴之路
复兴之路
巨变
峥嵘
新生
转折
跨越
传承
中国制造
国产大型客机
中国高铁
人工智能
中国地铁
路桥中国
中国芯
……
求高逐精
天宫一号
神舟飞船
北斗卫星
B. 高端制造，大国重器
大政方针
中国制造 2035
地方政策
重点领域
国之重器
C. 智能制造，『智汇』中国
中国“智造”
“智造”地位
“智造”现状
“智造”大势
数字智能
创新设计
产品全生命周期管理
供应链管理
协同制造服务
定制化服务
系统集成服务
D. 绿色制造，赋能未来
绿色瞻望
绿色之声
国家新政
地方新政
绿色体系
绿色供应
绿色普惠
绿色楼宇
新能源
绿色交通
绿色生活
青少年体验
E. 服务制造，双轮驱动
政策先导
国政方针
工作重点
十大应用
引领示范
工业互联

14 艺术策展类

14.1 影像展

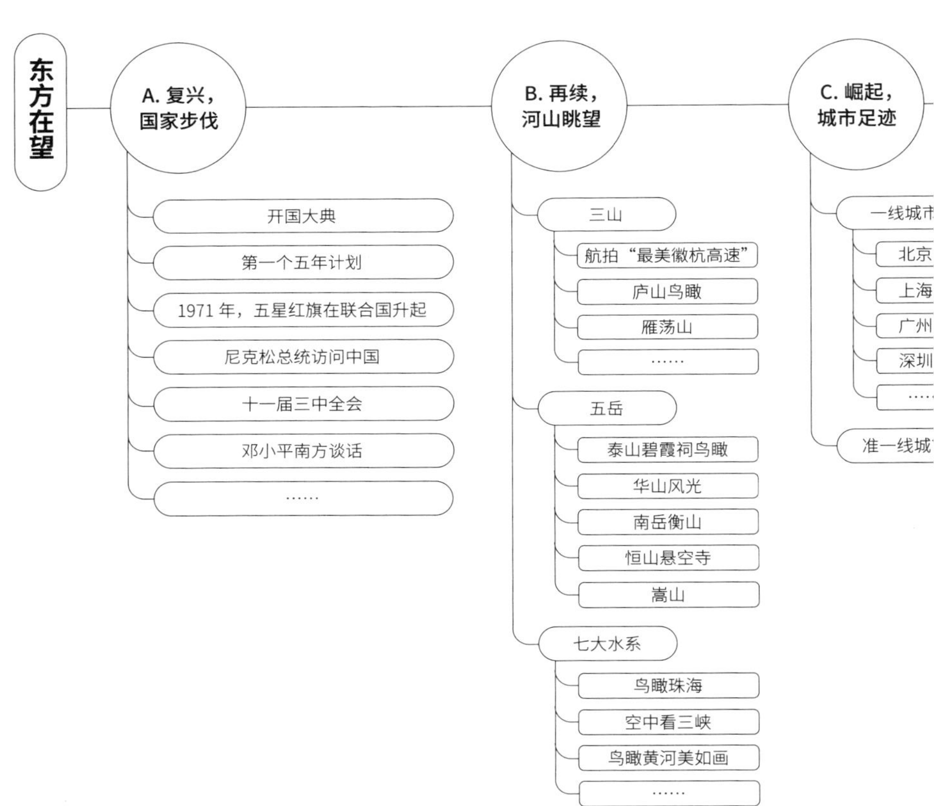

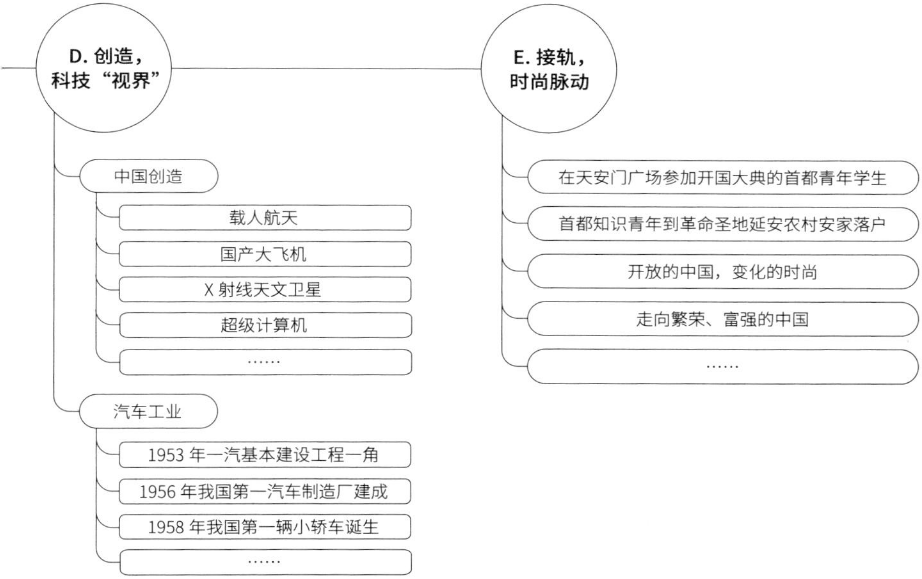

D. 创造，科技“视界”

- 中国创造
  - 载人航天
  - 国产大飞机
  - X 射线天文卫星
  - 超级计算机
  - ……
- 汽车工业
  - 1953 年一汽基本建设工程一角
  - 1956 年我国第一汽车制造厂建成
  - 1958 年我国第一辆小轿车诞生
  - ……

E. 接轨，时尚脉动

- 在天安门广场参加开国大典的首都青年学生
- 首都知识青年到革命圣地延安农村安家落户
- 开放的中国，变化的时尚
- 走向繁荣、富强的中国
- ……

14.2 纺织艺术展

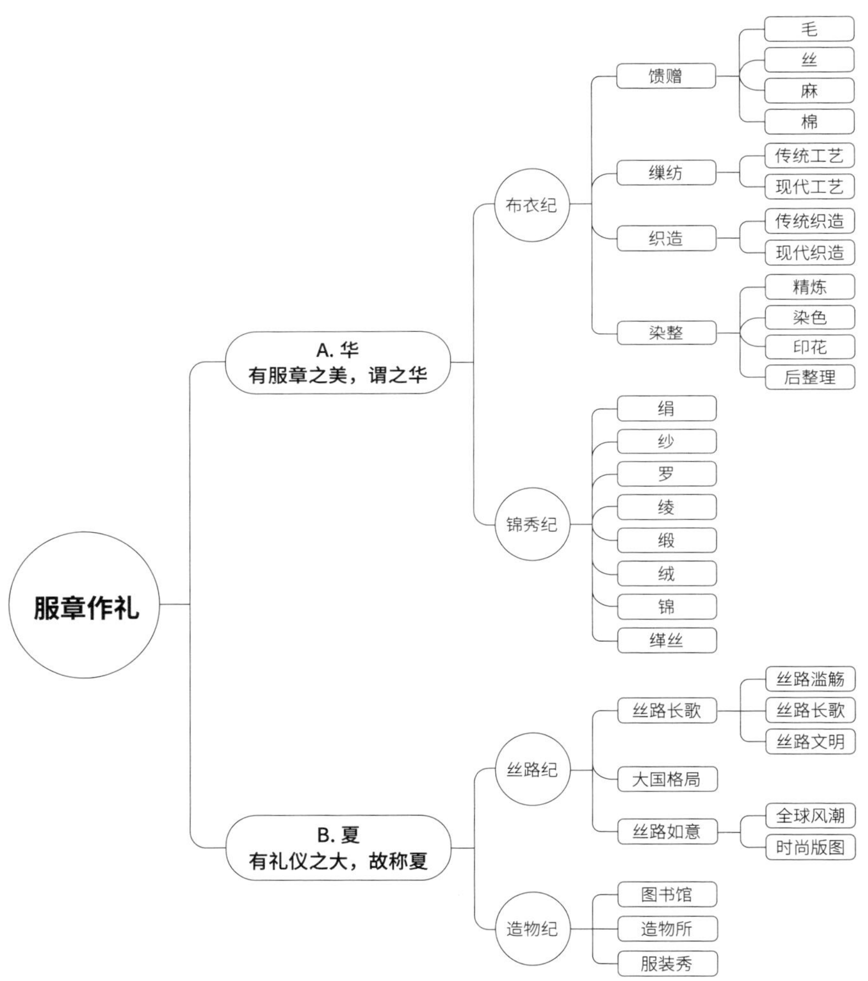
服章作礼
A. 华
有服章之美，谓之华
布衣纪
馈赠
毛
丝
麻
棉
缫纺
传统工艺
现代工艺
织造
传统织造
现代织造
染整
精炼
染色
印花
后整理
锦秀纪
绢
纱
罗
绫
缎
绒
锦
缂丝
B. 夏
有礼仪之大，故称夏
丝路纪
丝路长歌
丝路滥觞
丝路长歌
丝路文明
大国格局
丝路如意
全球风潮
时尚版图
造物纪
图书馆
造物所
服装秀

14.3 音乐文化展

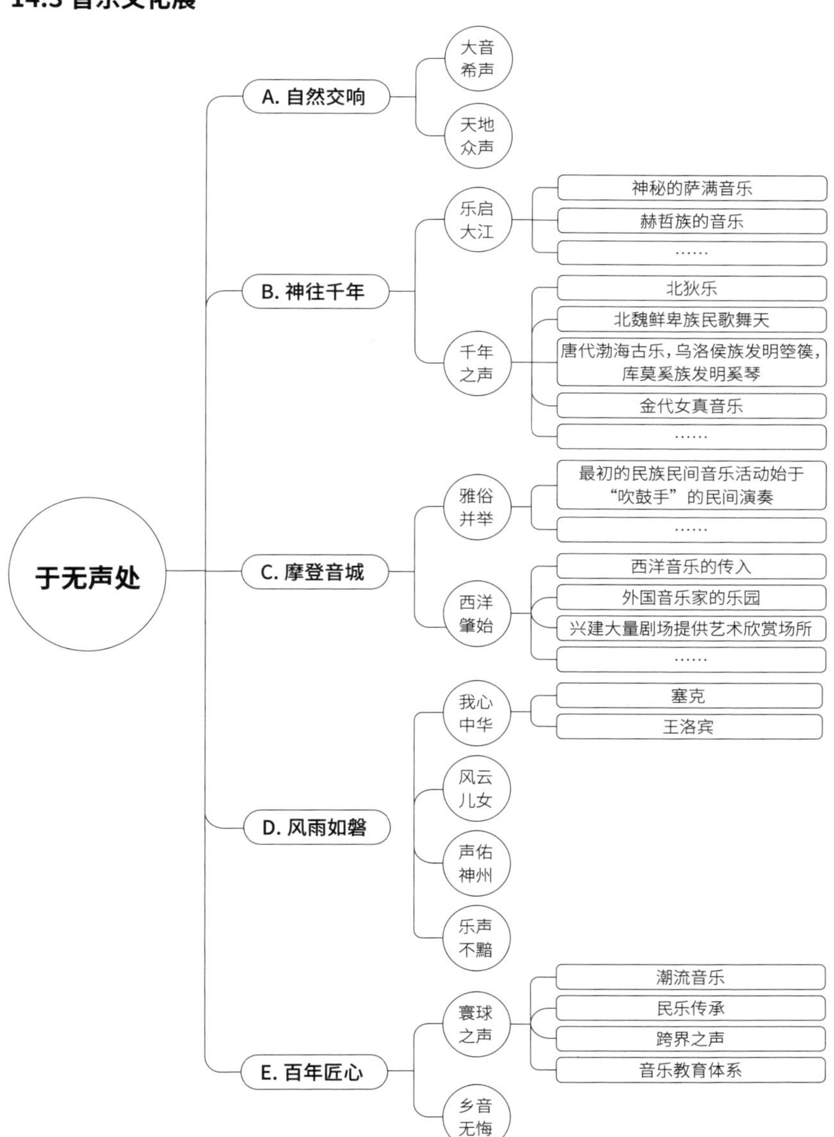
于无声处
A. 自然交响
大音希声
天地众声
B. 神往千年
乐启大江
神秘的萨满音乐
赫哲族的音乐
……
千年之声
北狄乐
北魏鲜卑族民歌舞天
唐代渤海古乐，乌洛侯族发明箜篌，库莫奚族发明奚琴
金代女真音乐
……
C. 摩登音城
雅俗并举
最初的民族民间音乐活动始于“吹鼓手”的民间演奏
……
西洋肇始
西洋音乐的传入
外国音乐家的乐园
兴建大量剧场提供艺术欣赏场所
……
D. 风雨如磐
我心中华
塞克
王洛宾
风云儿女
声佑神州
乐声不黯
E. 百年匠心
寰球之声
潮流音乐
民乐传承
跨界之声
音乐教育体系
乡音无悔

14.4 装裱工艺展

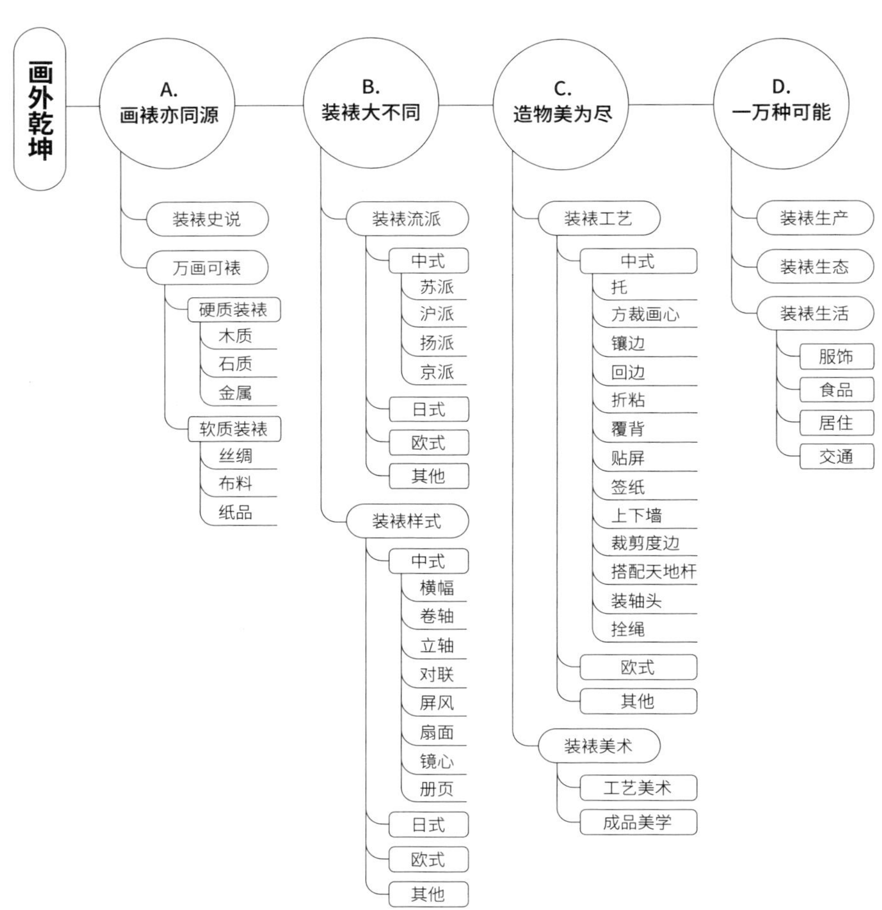
画外乾坤
A.
画裱亦同源
装裱史说
万画可裱
硬质装裱
木质
石质
金属
软质装裱
丝绸
布料
纸品
B.
装裱大不同
装裱流派
中式
苏派
沪派
扬派
京派
日式
欧式
其他
装裱样式
中式
横幅
卷轴
立轴
对联
屏风
扇面
镜心
册页
日式
欧式
其他
C.
造物美为尽
装裱工艺
中式
托
方裁画心
镶边
回边
折粘
覆背
贴屏
签纸
上下墙
裁剪度边
搭配天地杆
装轴头
拴绳
欧式
其他
装裱美术
工艺美术
成品美学
D.
一万种可能
装裱生产
装裱生态
装裱生活
服饰
食品
居住
交通

15 传统文化类

15.1 城市发展

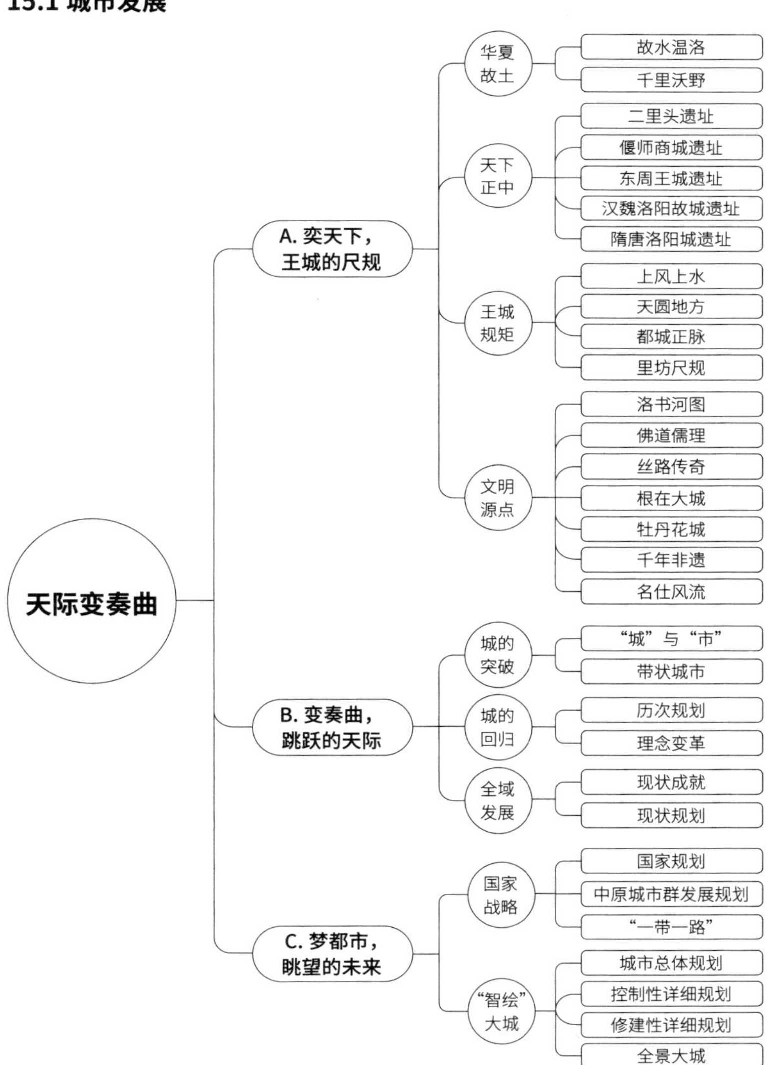

15.2 灯火艺术节

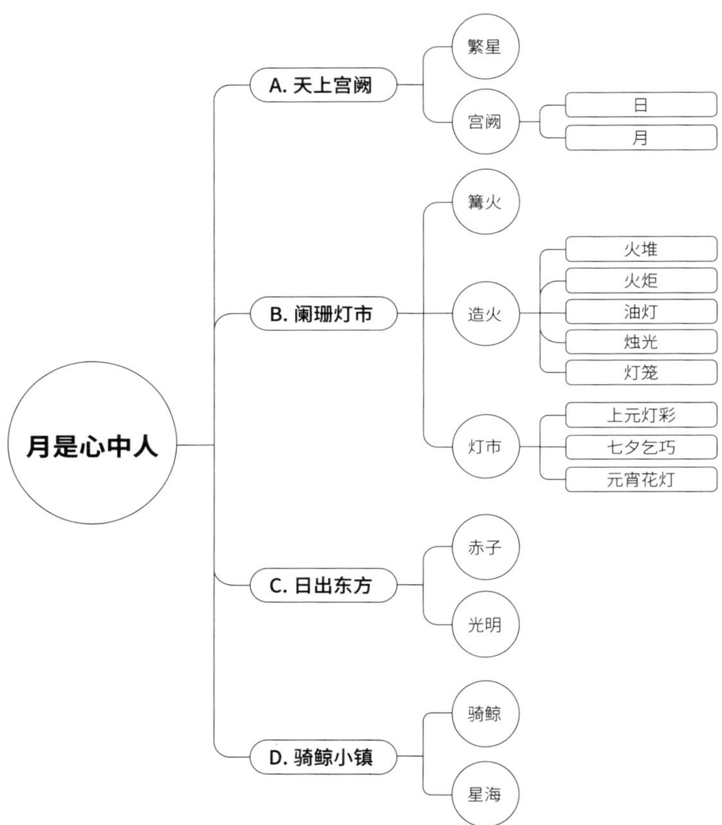
月是心中人
A. 天上宫阙
繁星
宫阙
日
月
B. 阑珊灯市
篝火
造火
火堆
火炬
油灯
烛光
灯笼
灯市
上元灯彩
七夕乞巧
元宵花灯
C. 日出东方
赤子
光明
D. 骑鲸小镇
骑鲸
星海

15.3 考古文化展

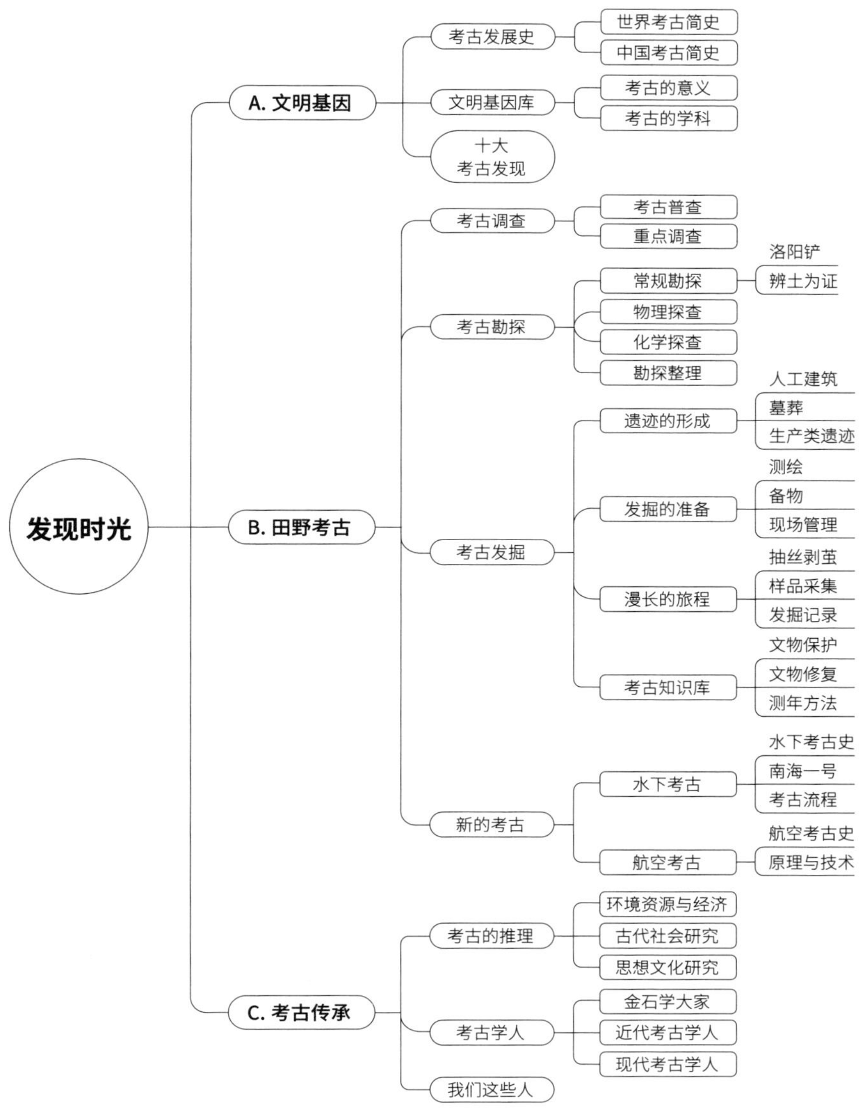

发现时光
A. 文明基因
考古发展史
世界考古简史
中国考古简史
文明基因库
考古的意义
考古的学科
十大
考古发现
B. 田野考古
考古调查
考古普查
重点调查
考古勘探
常规勘探
洛阳铲
辨土为证
物理探查
化学探查
勘探整理
考古发掘
遗迹的形成
人工建筑
墓葬
生产类遗迹
发掘的准备
测绘
备物
现场管理
漫长的旅程
抽丝剥茧
样品采集
发掘记录
考古知识库
文物保护
文物修复
测年方法
新的考古
水下考古
水下考古史
南海一号
考古流程
航空考古
航空考古史
原理与技术
C. 考古传承
考古的推理
环境资源与经济
古代社会研究
思想文化研究
考古学人
金石学大家
近代考古学人
现代考古学人
我们这些人

15.4 中医源流展

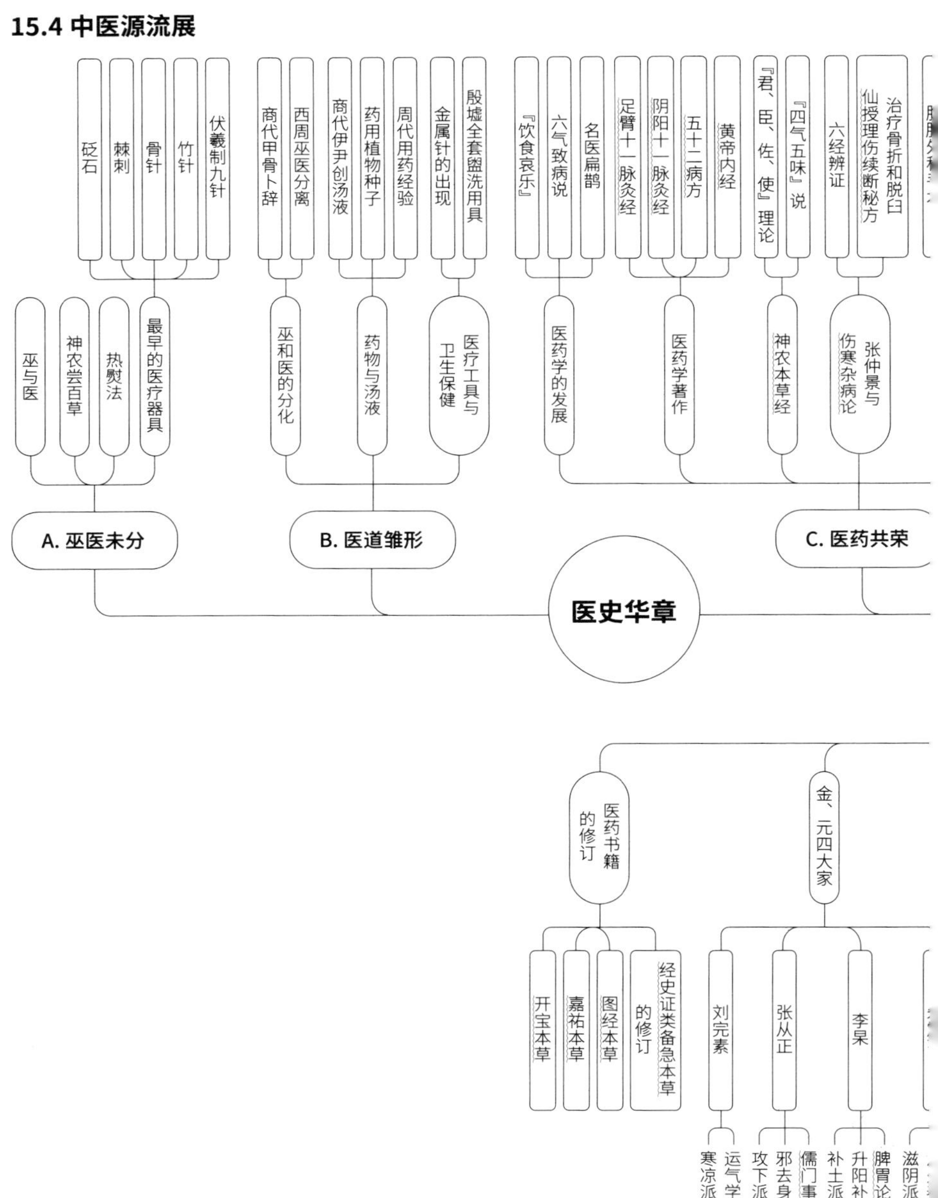
医史华章
A. 巫医未分
巫与医
神农尝百草
热熨法
最早的医疗器具
砭石
棘刺
骨针
竹针
伏羲制九针
B. 医道雏形
巫和医的分化
商代甲骨卜辞
西周巫医分离
药物与汤液
商代伊尹创汤液
药用植物种子
周代用药经验
医疗工具与卫生保健
金属针的出现
殷墟全套盥洗用具
C. 医药共荣
医药学的发展
『饮食哀乐』
六气致病说
名医扁鹊
医药学著作
足臂十一脉灸经
阴阳十一脉灸经
五十二病方
黄帝内经
神农本草经
『君、臣、佐、使』理论
『四气五味』说
张仲景与伤寒杂病论
六经辨证
治疗骨折和脱臼
仙授理伤续断秘方
医药书籍的修订
开宝本草
嘉祐本草
图经本草
经史证类备急本草的修订
金、元四大家
刘完素
运气学说
寒凉派
张从正
儒门事亲
邪去身安
攻下派
李杲
脾胃论
升阳补气
补土派
滋阴派

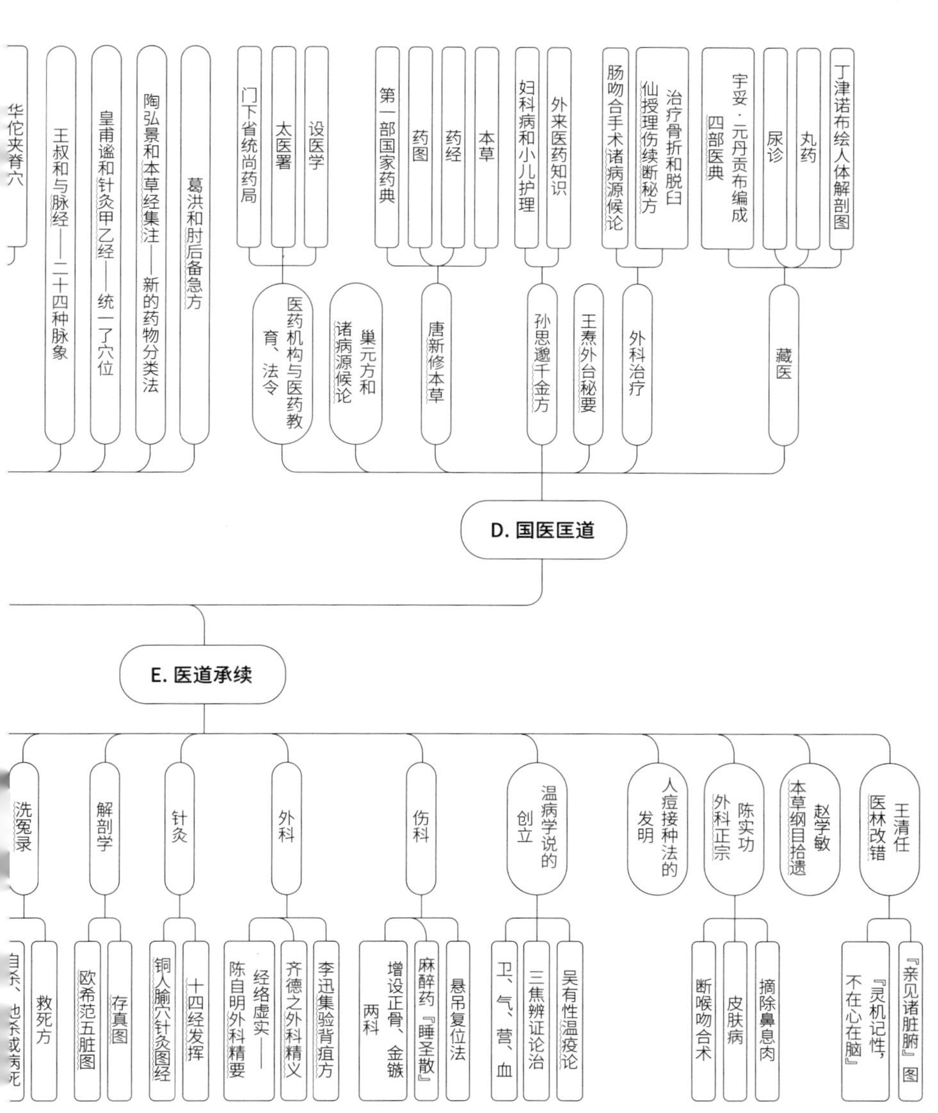

D. 国医匡道
华佗夹脊穴
王叔和与脉经——二十四种脉象
皇甫谧和针灸甲乙经——统一了穴位
陶弘景和本草经集注——新的药物分类法
葛洪和肘后备急方
医药机构与医药教育、法令
门下省统尚药局
太医署
设医学
巢元方和诸病源候论
唐新修本草
第一部国家药典
药图
药经
本草
孙思邈千金方
妇科病和小儿护理
外来医药知识
王焘外台秘要
外科治疗
肠吻合手术诸病源候论
治疗骨折和脱臼仙授理伤续断秘方
藏医
宇妥·元丹贡布编成四部医典
尿诊
丸药
丁津诺布绘人体解剖图
E. 医道承续
洗冤录
自杀、他杀或病死
救死方
解剖学
欧希范五脏图
存真图
针灸
铜人腧穴针灸图经
十四经发挥
外科
经络虚实——陈自明外科精要
齐德之外科精义
李迅集验背疽方
伤科
增设正骨、金镞两科
麻醉药『睡圣散』
悬吊复位法
温病学说的创立
卫、气、营、血
三焦辨证论治
吴有性温疫论
人痘接种法的发明
陈实功外科正宗
断喉吻合术
皮肤病
摘除鼻息肉
赵学敏本草纲目拾遗
王清任医林改错
『灵机记性，不在心在脑』
『亲见诸脏腑』图

15.5 陶瓷中国展

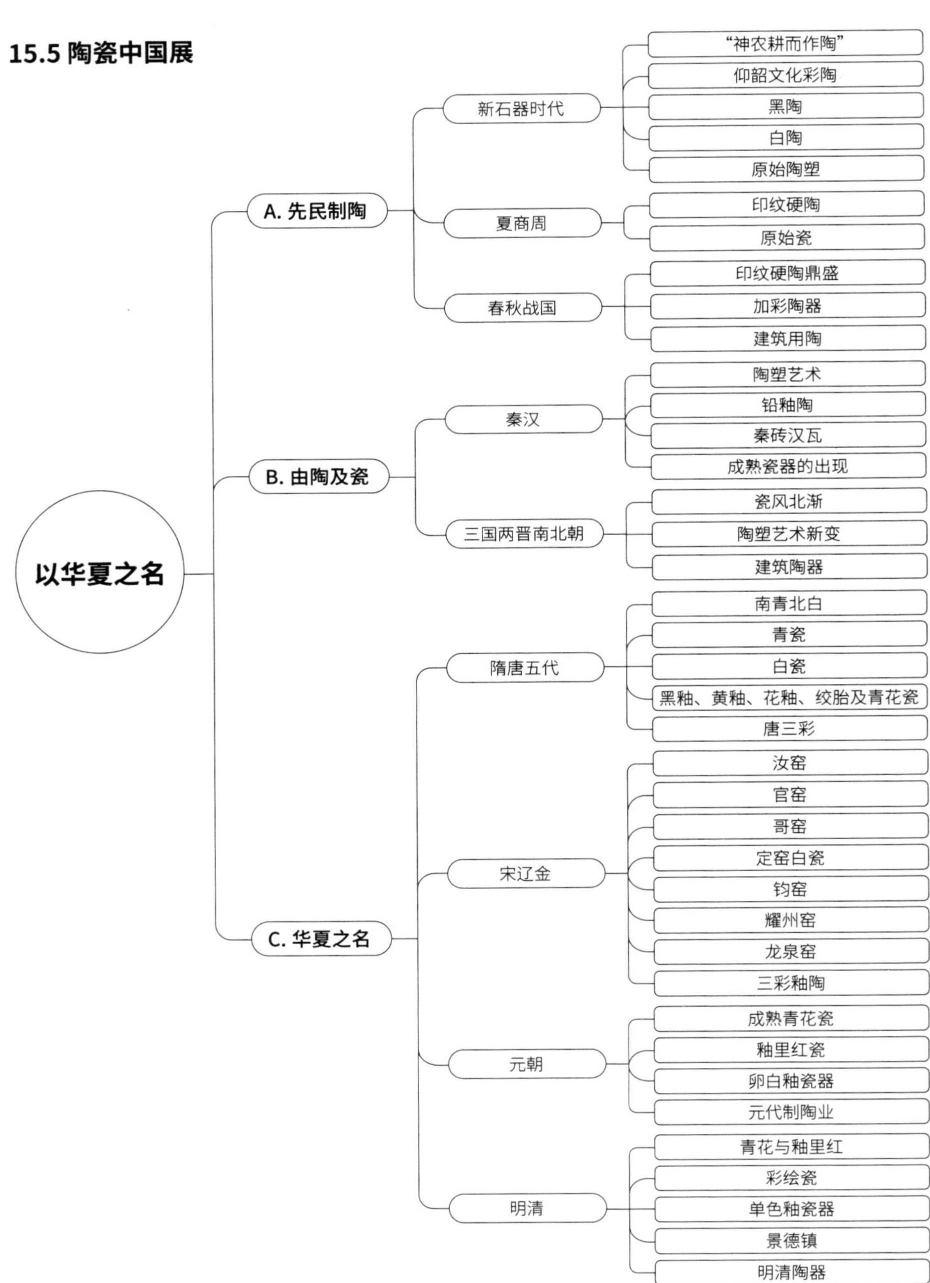
以华夏之名
A. 先民制陶
新石器时代
“神农耕而作陶”
仰韶文化彩陶
黑陶
白陶
原始陶塑
夏商周
印纹硬陶
原始瓷
春秋战国
印纹硬陶鼎盛
加彩陶器
建筑用陶
B. 由陶及瓷
秦汉
陶塑艺术
铅釉陶
秦砖汉瓦
成熟瓷器的出现
三国两晋南北朝
瓷风北渐
陶塑艺术新变
建筑陶器
C. 华夏之名
隋唐五代
南青北白
青瓷
白瓷
黑釉、黄釉、花釉、绞胎及青花瓷
唐三彩
宋辽金
汝窑
官窑
哥窑
定窑白瓷
钧窑
耀州窑
龙泉窑
三彩釉陶
元朝
成熟青花瓷
釉里红瓷
卵白釉瓷器
元代制陶业
明清
青花与釉里红
彩绘瓷
单色釉瓷器
景德镇
明清陶器

16 生活娱乐类

16.1 爱情博物馆

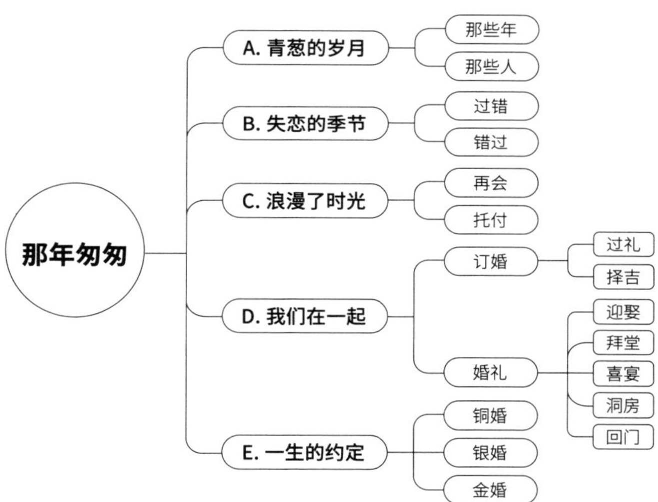

16.2 收纳博物馆

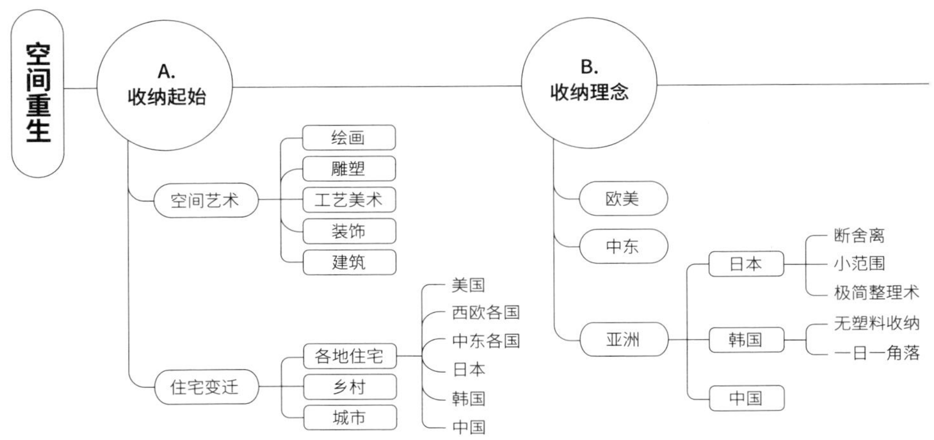
空间重生
A.
收纳起始
空间艺术
绘画
雕塑
工艺美术
装饰
建筑
住宅变迁
各地住宅
美国
西欧各国
中东各国
日本
韩国
中国
乡村
城市
B.
收纳理念
欧美
中东
亚洲
日本
断舍离
小范围
极简整理术
韩国
无塑料收纳
一日一角落
中国

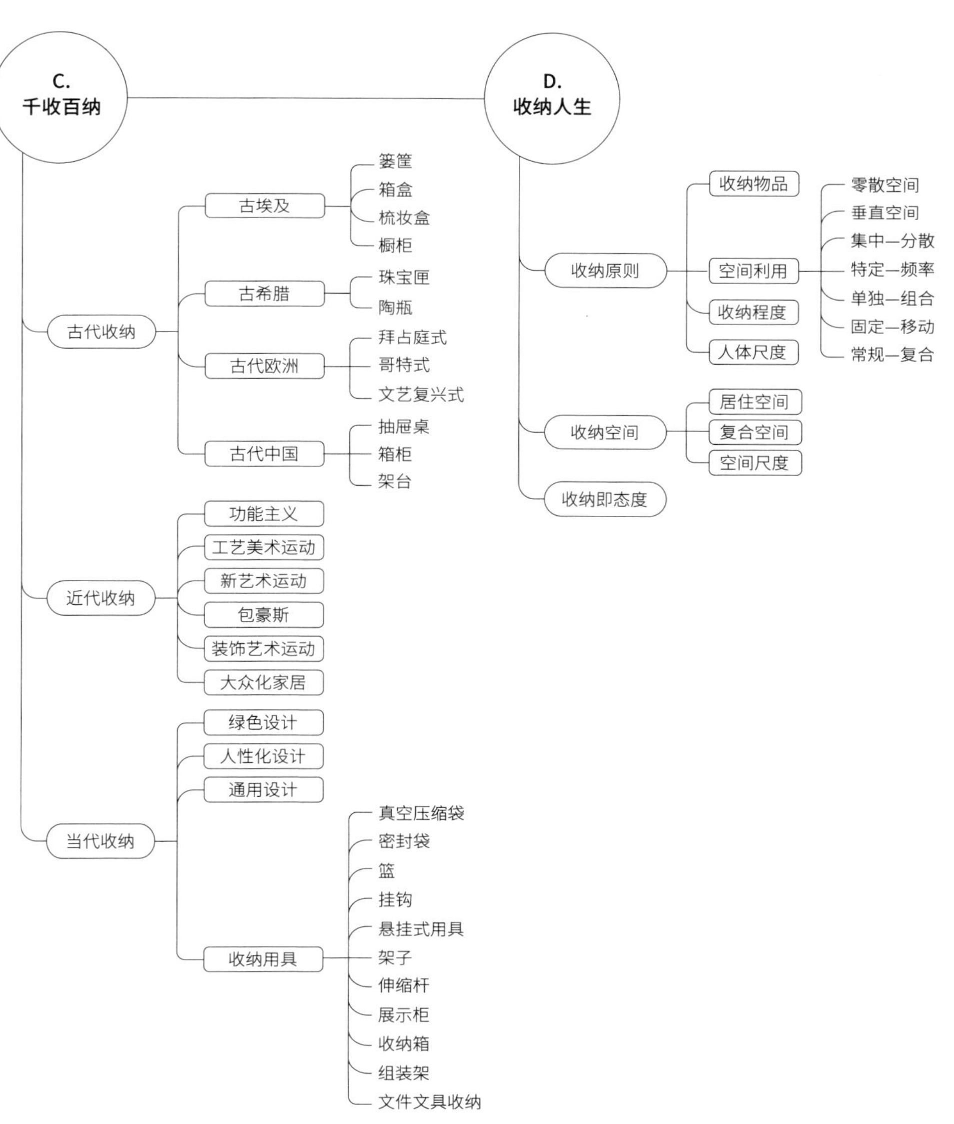
C.
千收百纳
D.
收纳人生
古代收纳
古埃及
篓筐
箱盒
梳妆盒
橱柜
古希腊
珠宝匣
陶瓶
古代欧洲
拜占庭式
哥特式
文艺复兴式
古代中国
抽屉桌
箱柜
架台
近代收纳
功能主义
工艺美术运动
新艺术运动
包豪斯
装饰艺术运动
大众化家居
当代收纳
绿色设计
人性化设计
通用设计
收纳用具
真空压缩袋
密封袋
篮
挂钩
悬挂式用具
架子
伸缩杆
展示柜
收纳箱
组装架
文件文具收纳
收纳原则
收纳物品
空间利用
零散空间
垂直空间
集中—分散
特定—频率
单独—组合
固定—移动
常规—复合
收纳程度
人体尺度
收纳空间
居住空间
复合空间
空间尺度
收纳即态度

16.3 时光博物馆

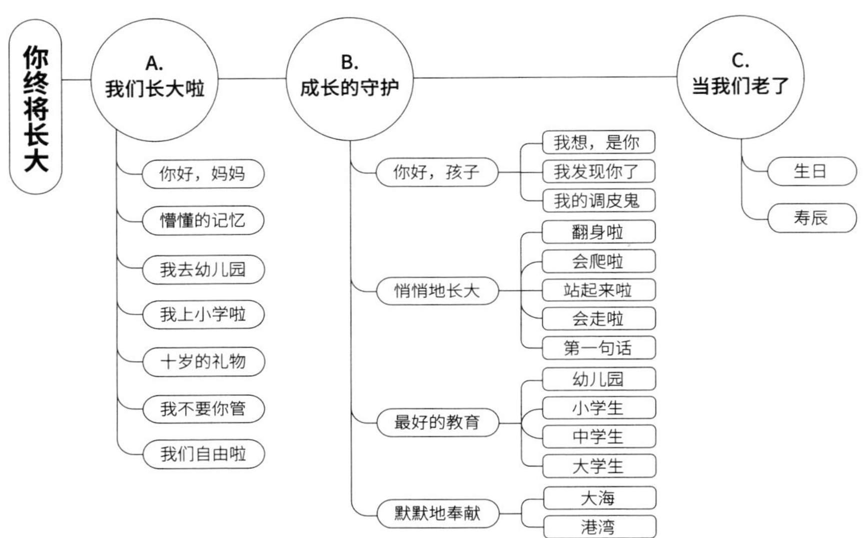
你终将长大
A.
我们长大啦
B.
成长的守护
C.
当我们老了
你好，妈妈
懵懂的记忆
我去幼儿园
我上小学啦
十岁的礼物
我不要你管
我们自由啦
你好，孩子
我想，是你
我发现你了
我的调皮鬼
悄悄地长大
翻身啦
会爬啦
站起来啦
会走啦
第一句话
最好的教育
幼儿园
小学生
中学生
大学生
默默地奉献
大海
港湾
生日
寿辰

后 记

我将认知与传播的关系做成了一张图。

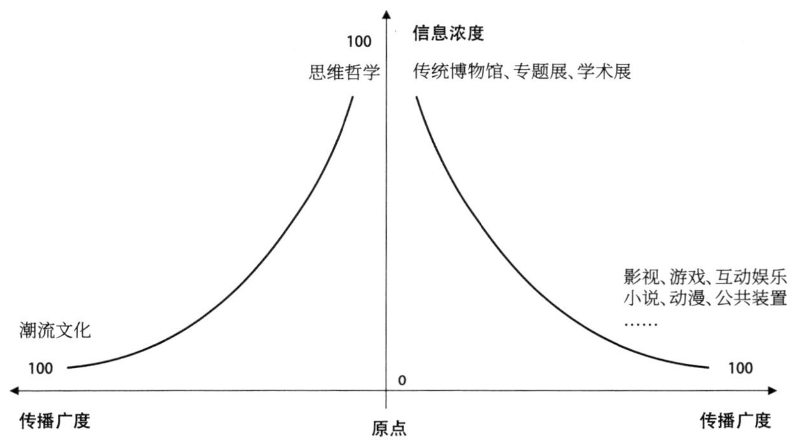

从图中可以发现：信息浓度越高，传播的广度越小；信息的浓度越低，传播的广度越大。因此，对于信息内容，下里巴人要比阳春白雪的传播广度大得多。

这张图与策展有什么关系呢？

如果把传统博物馆的策展称为“高浓度策展”的话，它们的浓度可能是100，但是它的传播广度只有1，所以，它很难走进普通大众的生活，这也是我们这个行业的困境所在。如果将它的浓度稀释到1，虽然内容没有那么密集，但因为足够简单、轻松，传播广度可以达到1 000、10 000。

“高浓度策展就像一杯放满了各种各样食材的浓汤，需要高明、有丰富经验的厨师，很多人一辈子喝不了几次；而低浓度策展，就是一杯淡淡的蜂蜜水，不见得有多高明，但可以喝一辈子。”

以前，我们只能前往高浓度地区，如博物馆、美术馆、科技馆参观，而现在，这些馆转化为无数的模块、展览碎片，出现在了社区、学校、公共空间。这些空间的策展难度低，所以并不需要特别专业的策展人，大众只要有一点儿策展概念就可以进行空间布置。

《简明策展》阐述的就是将高浓度策展稀释成低浓度策展的方法与实践。我愿以微薄之力，通过这本书让大众借助策展提高生活品质，让孩子们有更多机会接触中华优秀传统文化，助力整个社会提升文化自信。

最后，感谢在本书创作过程中提供建议和帮助的朋友们：王盼、石磊、庄妍、张海波、雷雳、沈点粒、关玺。

伟大复兴，匹夫有责。

你觉得舒服就是最好的状态

图书在版编目（CIP）数据

简明策展：写给大家的策展手册／叶秋著；江益绘．—桂林：广西师范大学出版社，2024.8.
ISBN 978-7-5598-7060-5

Ⅰ．G245-62

中国国家版本馆 CIP 数据核字第 202466M1J5 号

简明策展：写给大家的策展手册
JIANMING CEZHAN: XIEGEI DAJIA DE CEZHAN SHOUCE

出 品 人：刘广汉
责任编辑：孙世阳
封面设计：六　元
版式设计：马韵蕾

广西师范大学出版社出版发行
(广西桂林市五里店路 9 号　　邮政编码：541004
网址：http://www.bbtpress.com)
出版人：黄轩庄
全国新华书店经销
销售热线：021-65200318　021-31260822-898
山东临沂新华印刷物流集团有限责任公司印刷
(临沂高新技术产业开发区新华路 1 号　邮政编码：276017)
开本：890 mm × 1 240 mm　1/32
印张：6　　字数：130 千
2024 年 8 月第 1 版　　2024 年 8 月第 1 次印刷
定价：68.00 元